国家社会科学基金项目（14GL056）
2018年安徽省高校优秀青年人才支持计划项目　　资助出版
2018年安徽师范大学学术著作培育基金支持项目

非物质文化遗产数字化保存与发展研究
以徽州区域为例

Digital Protection and Development of Intangible Cultural Heritage:
A Case Study of Huizhou Region

秦　枫　著

中国科学技术大学出版社

内 容 简 介

本书围绕"非物质文化遗产"和"数字化"两个基本概念,探讨非物质文化遗产存续、保护、传播、利用现状以及面临的现实问题。运用霍尔的编码/解码理论、香农的信息论、布瓦索的信息空间论以及柯林斯的互动仪式链理论,为非物质文化遗产数字化传承、保护、传播与利用提供理论基础;重点阐述了数字媒介对非物质文化遗产的保护与发展的影响,非物质文化遗产在技术与文化两个层面如何应对数字化的抽象与编码,非物质文化遗产数字化的核心载体——数据库的设计、建构、管理与运营,非物质文化遗产在当下媒介环境下的传播逻辑与路径,以及非物质文化遗产数字化在不同领域的发展应用。

图书在版编目(CIP)数据

非物质文化遗产数字化保存与发展研究:以徽州区域为例/秦枫著. —合肥:中国科学技术大学出版社,2021.12
ISBN 978-7-312-05254-4

Ⅰ.非… Ⅱ.秦… Ⅲ.数字技术—应用—非物质文化遗产—保护—研究—徽州地区 Ⅳ.G127.542-39

中国版本图书馆 CIP 数据核字(2021)第 138395 号

非物质文化遗产数字化保存与发展研究:以徽州区域为例
FEI WUZHI WENHUA YICHAN SHUZIHUA BAOCUN YU FAZHAN YANJIU: YI HUIZHOU QUYU WEI LI

出版	中国科学技术大学出版社
	安徽省合肥市金寨路 96 号,230026
	http://press.ustc.edu.cn
	http://zgkxjsdxcbs.tmall.com
印刷	合肥华苑印刷包装有限公司
发行	中国科学技术大学出版社
经销	全国新华书店
开本	710 mm×1000 mm　1/16
印张	10.75
字数	199 千
版次	2021 年 12 月第 1 版
印次	2021 年 12 月第 1 次印刷
定价	50.00 元

前　　言

随着经济的转型、社会的变革,数字媒介技术、互联网技术快速发展,迫切需要深化对中华传统文化的认知,以增强文化自觉和自信,提升中华优秀传统文化的内涵,挖掘传统文化的价值,激发中华优秀传统文化的生机与活力。为此,党的十七届六中全会审议通过了《中共中央关于深化文化体制改革、推动社会主义文化大发展大繁荣若干重大问题的决定》。文化的发展与繁荣源于传统文化的复兴,特别是运用现代媒介手段对传统文化的传承与展示、传播和发扬——通过文化与科技的交叉融合,创新弘扬中华传统文化,构建文化艺术品数据库、民族文化信息资源库,研究数字文化内容资源的产业性运营与公益性服务并行互惠的运行模式。

作为文化身份和文化主权基本依据的文化遗产正在以惊人的速度不断消失,某些地方传统文化甚至濒临消亡。非物质文化遗产面临着生存(传承)性危机——主体性危机、生态性危机等,其发展(传播)前景令人担忧。数字技术已让不少濒临消亡的事物重获新生,原本看上去毫无关联的传统文化与产业,可以借助数字技术形成新的联结与跨界,拓展出许多新兴业态,而这种跨界与融合,恰恰让传统文化、文化遗产等一些中华历史文化瑰宝,找到了新的传承发展思路。对于非物质文化遗产,不仅要以档案式保存,更要代际传承,还要通过新的方式与方法对其进行重新解读与阐释,赋予它们新的文化意涵,使之与现代生活相关联,即利用数字信息技术对非物质文化遗产进行重新编码、重构和阐释,使其在数字技术的文化层面上为公众所接受。

本书首先考察了徽州非物质文化遗产,按照非物质文化遗产类别进行总结,包括其存续、保护、利用现状以及面临的现实问题——

非物质文化遗产项目传承人群日益减少、生存空间受到压缩、"流动记忆"面临消失、传播方式传统、传播范围窄化等。

针对以上问题，希冀通过现代数字手段以弥补项目的存续。数字化是一种生存状态，非遗的存续也必然受到其影响，从移场、错位、转译、赋权、改变、忽视、再现、传承、传播、认同等方面来审视和阐述数字媒介对非物质文化遗产的影响。运用编码/解码理论、信息传播论、信息空间论以及文化遗产相关理论，对非遗的数字化进行论述，多种学科的融合为非物质文化遗产数字化（存续发展）提供了理论基础，也为非物质文化遗产数字化相关主体的有效协同提供了可能的方案与前提。以何种形式和媒介承载非物质文化遗产的数字化内容，笔者认为数字内容必须有载体——非物质文化遗产数据库，并进行统一的管理，以确保数字信息在制度、市场的合法流动与扩散。对徽州非物质文化遗产数据库构建意义和建构路径，借鉴"参与光谱""合作-参与"机制进行阐述，尝试设计和构建徽州非物质文化遗产数据库和徽州非物质文化遗产数字地图，并论述数据库的管理与运营。最后，运用信息空间理论阐述非物质文化遗产数字资源的利用。非物质文化遗产数字化的意义，不仅是在数字化环境中档案式的保存、虚拟符号的记录，而且是如何使用和延续数字档案与符号背后的文化语意与象征系统。

非物质文化遗产数字化研究对社会、经济发展有积极的推动作用。一方面，非物质文化遗产数字化转化给予社会公众对文化遗产资源内涵和价值理解的可能性，并进行文化传播与文化创新，有助于徽州文化遗产资源的保护与传承；另一方面，文化遗产的数字内容资源将成为文化产业的素材库和产业基础。

秦　枫
2021 年 1 月

目 录

前言 ……………………………………………………………………（ⅰ）

第1章 绪论 …………………………………………………………（ 1 ）
  1.1 研究背景 ………………………………………………………（ 1 ）
    1.1.1 文化发展繁荣 ……………………………………………（ 1 ）
    1.1.2 非遗境况窘迫 ……………………………………………（ 2 ）
    1.1.3 数字技术进步 ……………………………………………（ 3 ）
    1.1.4 产业发展需要 ……………………………………………（ 4 ）
  1.2 研究意义 ………………………………………………………（ 4 ）
    1.2.1 理论意义 …………………………………………………（ 4 ）
    1.2.2 现实意义 …………………………………………………（ 5 ）
  1.3 国内外研究现状 ………………………………………………（ 5 ）
    1.3.1 国外研究概况与趋势 ……………………………………（ 5 ）
    1.3.2 国内研究概况与趋势 ……………………………………（ 7 ）
  1.4 研究内容与方法 ………………………………………………（ 9 ）
    1.4.1 研究内容 …………………………………………………（ 9 ）
    1.4.2 研究方法 …………………………………………………（12）
  1.5 可能的创新点 …………………………………………………（12）

第2章 非物质文化遗产数字化相关概念与理论基础 ……………（14）
  2.1 相关概念阐释 …………………………………………………（14）
    2.1.1 文化遗产 …………………………………………………（14）
    2.1.2 非物质文化遗产 …………………………………………（15）
    2.1.3 徽州 ………………………………………………………（16）
    2.1.4 数字化 ……………………………………………………（17）
  2.2 主要理论基础 …………………………………………………（20）
    2.2.1 编码/解码理论 ……………………………………………（20）

2.2.2　信息论 ………………………………………………（23）
　　2.2.3　I-space 理论 ………………………………………（24）
　　2.2.4　文化遗产相关理论 …………………………………（26）
　　2.2.5　互动仪式链理论 ……………………………………（28）

第3章　徽州非物质文化遗产现状与问题 ………………………（30）
3.1　徽州非物质文化遗产概况与特征 ………………………（30）
3.2　徽州非物质文化遗产现状与问题 ………………………（31）
　　3.2.1　徽州非物质文化遗产现状 …………………………（31）
　　3.2.2　徽州非遗问题 ………………………………………（35）
3.3　数字化对非物质文化遗产"接合" ………………………（37）

第4章　数字环境:对非物质文化遗产的影响 …………………（40）
4.1　移场与错位 ………………………………………………（40）
　　4.1.1　移场:物理场-数字场 ………………………………（40）
　　4.1.2　错位:时空-主体错乱 ………………………………（42）
4.2　转译与赋权 ………………………………………………（43）
　　4.2.1　转译:以今译古 ……………………………………（43）
　　4.2.2　赋权:自我增能 ……………………………………（44）
4.3　改变与忽视 ………………………………………………（46）
　　4.3.1　改变:整体性变革 …………………………………（46）
　　4.3.2　忽视:选择性记忆 …………………………………（46）
4.4　再现与传承 ………………………………………………（48）
　　4.4.1　再现:数字载体呈现 ………………………………（48）
　　4.4.2　传承:扩大数字受众 ………………………………（49）
4.5　传播与认同 ………………………………………………（50）
　　4.5.1　传播:媒介即传播 …………………………………（50）
　　4.5.2　认同:认识"我" ……………………………………（52）

第5章　抽象编码:非物质文化遗产数字化生存 ………………（54）
5.1　数字意愿 …………………………………………………（54）
　　5.1.1　传承人的声音 ………………………………………（54）
　　5.1.2　公众的意见 …………………………………………（56）
　　5.1.3　政府的行为 …………………………………………（57）

5.1.4　市场的心愿 …………………………………………（58）
　　5.1.5　学者的态度 …………………………………………（59）
5.2　文化抽象 …………………………………………………（60）
　　5.2.1　多样化:"各美其美" …………………………………（60）
　　5.2.2　简明化:"少即是多" …………………………………（61）
　　5.2.3　故事化:"故事就是力量" ……………………………（62）
　　5.2.4　主体化:"我"与"他" …………………………………（63）
5.3　数字编码 …………………………………………………（65）
　　5.3.1　编码技术:如何被传递? ……………………………（65）
　　5.3.2　编码语义:如何被理解? ……………………………（66）
　　5.3.3　编码效度:多少被接受? ……………………………（67）
　　5.3.4　协同编码:怎样去把关? ……………………………（69）

第6章　数字载体:非物质文化遗产数据库 …………………（71）

6.1　非遗数据库建构意义 ……………………………………（71）
　　6.1.1　集成与建档 …………………………………………（71）
　　6.1.2　保护与共享 …………………………………………（72）
　　6.1.3　管理与应用 …………………………………………（73）
6.2　非遗数据库建构 …………………………………………（74）
　　6.2.1　非遗数据库建构机制:合作-参与 …………………（74）
　　6.2.2　非遗数据库概念模型设计:实体-联系 ……………（77）
　　6.2.3　非遗数据库组织架构 ………………………………（83）
　　6.2.4　非遗数据库功能架构 ………………………………（86）
6.3　案例:非遗数字地图 ……………………………………（88）
　　6.3.1　非遗数字地图的设计 ………………………………（88）
　　6.3.2　非遗数字地图的呈现 ………………………………（90）
　　6.3.3　非遗数字地图的作用 ………………………………（90）

第7章　公益与市场:非物质文化遗产数字化传播 …………（92）

7.1　非遗传播困境与模式选择 ………………………………（92）
　　7.1.1　时间线性:历史挖掘与文化保留 …………………（94）
　　7.1.2　空间广度:文化交流与价值再生 …………………（96）
　　7.1.3　跨越时空:整体性传播实践 ………………………（99）

7.2 公益与市场:非遗传播的两种逻辑 ……………………………… (100)
   7.2.1 公益逻辑:文化认同与传承 ………………………………… (100)
   7.2.2 市场逻辑:符号资本与经济 ………………………………… (102)
7.3 数字媒介下非遗互动传播 …………………………………………… (108)
   7.3.1 非遗短视频的互动主体与内容生产模式 ………………… (109)
   7.3.2 非遗短视频用户互动动机 …………………………………… (111)
   7.3.3 非遗短视频用户的互动形式 ………………………………… (113)
   7.3.4 非遗短视频的互动仪式构成要素及结果 ………………… (114)

第8章 意义传用:非物质文化遗产数字化发展 ……………………… (121)
8.1 地方性知识传承 ……………………………………………………… (123)
8.2 普及型教育学习 ……………………………………………………… (125)
8.3 公益性数字展示 ……………………………………………………… (127)
8.4 产业性创意加值 ……………………………………………………… (128)

第9章 回顾、反思与展望 ……………………………………………… (132)
9.1 回顾 …………………………………………………………………… (132)
9.2 反思与展望 …………………………………………………………… (133)

附录 …………………………………………………………………………… (137)
附录1 徽州地区国家级、省级非遗项目一览表 ……………………… (137)
附录2 徽州地区市级非遗项目一览表(共142项) …………………… (142)
附录3 徽州地区县(区)级非遗项目一览表(共240项) …………… (148)
附录4 "徽州非物质文化遗产数字化"访谈提纲 ……………………… (157)
附录5 "徽州非物质文化遗产数字化"访谈资料一览表 ……………… (158)

参考文献 ……………………………………………………………………… (159)

第1章 绪 论

1.1 研究背景

1.1.1 文化发展繁荣

中华文化源远流长、灿烂辉煌。随着我国经济发展、社会深刻变革,数字媒介技术、互联网技术快速发展,迫切需要深化对中华传统文化的认知,以增强文化自信与自觉、深挖传统文化的精髓、激发传统文化的活力。自进入21世纪以来,国家持续高度重视文化繁荣和文化产业发展。2000年,《中华人民共和国国民经济和社会发展第十个五年规划纲要》(简称《十五规划》,后续的五年规划类称)强调"推动信息产业与有关文化产业结合";2005年,国务院办公厅发布的《国务院办公厅关于加强我国非物质文化遗产保护工作的意见》中明确提出要"运用文字、录音、录像、数字化多媒体等各种方式,对非物质文化遗产进行真实、系统和全面的记录,建立档案和数据库";2006年,《十一五规划》提出大力发展文化事业和文化产业;2009年,《文化产业振兴规划》鼓励运用数字、网络技术等,开发数字娱乐产品、移动文化信息服务等增值业务;2010年,《十二五规划》指出要"弘扬中华文化,建设和谐文化,发展文化事业和文化产业";2011年,十七届六中全会通过了《中共中央关于深化文化体制改革推动社会主义文化大发展大繁荣若干重大问题的决定》,要求抓好非物质文化遗产(以下简称"非遗")保护传承,并明确提出"文化大发展大繁荣",文化的发展与繁荣源于传统文化的复兴,特别是运用现代媒介手段对传统文化的传承与展示、传播和发扬。文化部、科技部等部门发文要求:通过文化与科技的融合弘扬传统文化,构建文化艺术品数据库、文化信息资源库,研究数字文化资源公益服务与商业运营并行互惠的运行模式。2011年,《中华人民共和国非物质文化遗产法》(简称《非遗法》)第十二、十三条规定:文化主管部门和其他有关部门进行非物质文化遗产调查,应当对非物质文化遗产予以认定、记录、建档,建立健全调查信息共享机制;文化主管部门应当全面了解非物质文化遗产有关情况,建立非物质文化遗产档案及相关数据库。2012年,十八大报告提出"建设传统文化传承体系,弘扬优秀传统文化"。为落实2015年十八届五中全会和《中华人民共和国国民经济和社会发展第十三个五年规划纲要》关于"构建中华优秀传统文化传承体系,加强文化遗产保护,振兴传统工艺"的要求,2017年初,国家相关部门相继制定和出台了《关于实施中华优秀传统文化传承发展工程的意见》《中国传统工艺振兴计划》,旨在推动传统文化的复兴与繁荣。

1.1.2 非遗境况窘迫

"所有文化都是历时而变迁的",但"像今天诸多文化那么快速或大规模的变迁是罕见的"。[①] 随着工业文明的触角不断延伸,城市化、现代化、国际化、商业化的进程加快,作为文化身份和文化主权基本依据的文化遗产正在以惊人的速度不断消失,甚至濒临消亡,其赖以生存的社会和自然环境也日益被侵蚀和压缩,原生态环境不复存在。这使得文化遗产的生存与发展成为了一个重要课题摆在世人面前。

非遗的发展目前主要面临三大问题。一是传统口传心授的传播与传承方式阻碍了非物质文化遗产的现代化传承和发展。它体现在诸多非物质文化遗产完全依靠口授的方式流传,没有相对应的文字记载或传承方式,而且大部分传承人文化程度不高、经济状况欠佳,有的还年事已高,再加上多数年轻人迫于生活压力,选择外出打工,对传承人工作缺乏兴趣,这都使得在现代数字技术、信息技术、网络技术的冲击下,依赖于独特文化空间,仅以传承人言传身教为主要方式的各种记忆型和技艺型的非物质文化遗产濒临失传的危机。二是过度商业化、产业化的开发在一定程度上损害了文化生态的完整性和真实性,使得非物质文化遗产得不到科学有效的保护与传承。城镇化、商业化、产业化割裂了人与自然长期互动形成的和谐关系(在古镇古村开发过程中,原有的生态空间商铺林立,原住居民被动迁出),破坏了非遗的生态环境,其赖以生存的文化空间也在逐渐消失,不少非物质文化遗产面临着严峻的生存危机。三是对非遗的"地方性"挖掘不足。很多非遗的文化内涵、文化特色和文化价值彰显不明,有的甚至出现同质化现象。

针对上述遗产环境,非遗面临着生存(传承)性危机——主体性危机、生态性危机等,其发展(传播)前景令人担忧,特别是原真性、完整性的信息传递已被

[①] 威廉·A.哈维兰.文化人类学[M].10版.翟铁鹏,张钰,译.上海:上海社会科学院出版社,2006:53.

经济利益所忽视。而作为人类的文化精华,只有传承和传播,才不至于文化迷失和身份混淆。不过任何遗产都会随着时间流逝而变异或消亡,任何遗产保护手段都只是在延长遗产的生命周期,包括数字化手段。徽州区域的非遗同样也面临以上窘境,具体详见第3章。

1.1.3 数字技术进步

"技术变革不是数量上增减损益的变革,而是整体的生态变革。"[1]在数字媒介技术下,可考察非遗从传承与传播到数字生存与发展,推进非遗数字化理论和实践研究。数字与信息网络技术的发展,促进了文化的生存与发展,催生了数字文化产业的新业态与新模式。中国互联网信息中心(CNNIC)2021年2月3日发布的第47次《中国互联网络发展状况统计报告》显示:"截至2020年12月,我国网民规模达9.89亿,互联网普及率达到70.4%,手机网民达到了9.86亿人,占比达99.7%,网络视频(含短视频)用户规模达9.27亿,其中短视频用户使用率为88.3%。[2]"数字技术的影响是非常广泛的,除对文化产业发展本身产生的巨变性影响外,对文化消费者的影响也是不容忽视的。在数字时代,消费者尤其是数字原住民这一代的文化消费行为、文化消费内容偏好等,均发生了翻天覆地的变化,如个性化消费、定制化内容、边界化获得渠道等等。

社会环境不可避免地要发生改变,伴随而来地便是植根于这些社会环境中的文化记忆将被遗忘,那些来自于往昔的文本于是失去了不言自明性,变得需要阐释。在新时代,文本不能继续不言自明,陷入了因文本与当下存在时间差、空间差而产生的张力之中。对于非遗来说,除了传统的传承和保护方法外,新的保护理念也随着技术变革而产生。数字技术已让不少濒临消亡的事物重获新生,原本看上去毫无关联的传统文化与产业,可以借助数字技术形成新的联结与跨界,拓展出许多新兴业态,而这种跨界与融合,恰恰让传统文化、文化遗产等一些中华历史文化瑰宝,找到了新的传承发展思路,有了复兴的大好机会。利用新型的数字媒介技术,可对文化遗产进行数字化采集、处理、再现、解读、阐释、保存与传播,使之从唯一性、主体性、专有性转向多元性、数字性、共享性。更重要的是,数字技术的介入不仅改变了文化遗产的存在方式,更是改变了公众对文化遗产的认知和观念,以及传承和传播方式。

---

[1] 尼尔波兹曼. 技术垄断[M]. 何道宽,译. 北京:北京大学出版社,2007:9.
[2] 中国互联网络信息中心. 第47次《中国互联网络发展状况统计报告》[EB/OL]. [2021-02-03]. http://www.cnnic.net.cn/hlwfzyj/hlwxzbg/hlwtjbg/202102/t20210203_71361.htm.

1.1.4 产业发展需要

费孝通指出:"这些传下来的东西之所以传下来就因为它们能满足当前人们的生活需要。"[①]既然能满足现代人的需要,它们就属于现代社会。传统文化是内容产业发展的母体,非遗更是传统文化的活态记忆,是民族的"文化基因"。非物质文化遗产的数字化,是信息与内容产业的汇流,二者之间超出了传统含义的关联性,有利于发展新型文化业态,增强多元化供给能力,满足多样化社会需求,繁荣文化市场。《非遗法》第三十七条规定:国家鼓励和支持发挥非物质文化遗产资源的特殊优势,在有效保护的基础上,合理利用非物质文化遗产代表性项目开发具有地方、民族特色和市场潜力的文化产品和文化服务。近年来,国家制定并出台了不少关于文化产业的法律法规、政策文件[②],鼓励挖掘地方优秀文化(如非遗),依托具有地方性和地方感的文化资源,通过思想创意的转化、现代科学技术的提升与市场的有效运作,为相关产业(文化创意产业)的发展提供相应的内容支持。

1.2 研究意义

1.2.1 理论意义

对于非物质文化遗产,不仅需要传承,更要运用现代技术和话语体系对其重新解读与诠释,赋予新的文化意涵,使之与现代生活相关联,即利用数字信息技术对非物质文化遗产进行重新编码、重构和阐释,在数字技术的文化层面上让公众接受。数字化在重构非物质文化遗产的同时,还带来了公众认知、消费和利用遗产的行为变化,即对技术层面的数字化的人文认知、思考与行动,同时,数字化遗产资源不仅能多角度、立体化反映区域活态文化形态,包括语言、仪式、手工艺、表演艺术等等,有利于保持文化的多样性,而且能促进不同文化心理的公众进行跨文化的对话,更能引导新生代对传统文化的热爱与学习。

---

① 费孝通. 江村经济[M]. 上海:上海人民出版社,2013:298.
② 例如,《中华人民共和国非物质文化遗产法》《文化产业振兴规划》《关于推动特色文化产业发展的指导意见》《关于推动文化文物单位文化创意产品开发的若干意见》《关于实施中华优秀传统文化传承发展工程的意见》《中国传统工艺振兴计划》,等等。

1.2.2 现实意义

在文化产业发展与繁荣的背景下,非物质文化遗产数字化研究是社会、经济发展的趋势,文化遗产资源将成为文化产业的内容来源,是创意产业的基础。从本书研究的区域与对象来看,徽州非遗的研究有利于提升安徽省文化软实力,实现安徽文化"走出去"战略,增强安徽省综合竞争力。原生的非物质文化遗产资源以物理状态存在,虽然具有现代价值,但在整合利用方面略显笨拙和吃力,在保存、移动方面不具有优势,若将之转换为比特状态,则可以重复使用和混合。[①] 即非物质文化遗产数字化转化给予社会公众对文化遗产资源内涵和价值理解的可能性,并进行文化创新,有利于徽州文化遗产资源的保护与传承,即使在失去传承人的情况下,亦可运用数字技术保存并呈现给后人。

1.3 国内外研究现状

1.3.1 国外研究概况与趋势

国外关于文化遗产的数字化研究起步较早,且数字化实践快于数字化理论。先简单梳理一下国外非物质文化遗产数字化实践方面:科学归档和数字化保护在非遗领域占据非常重要的位置。1954年,日本在修订《文化财产保护法》时就确立了非物质文化遗产的记录保存制度[②],其中,日本奥兹大学就对奥兹地区的非遗——狮子舞进行了数字化保护工作[③]。20世纪60年代法国文化遗产大普查,将普查结果制作成资料集,统编了关键词索引进行目录查询,而在数据库技术普及之前,主要依靠编辑出版。1976年,美国在国会图书馆建立"民俗保护中心",一直从事着民俗资料的数字化保护工作。美国印第安纳大学传统音乐档案馆和哈佛大学的世界音乐档案馆,利用数字技术保护音乐档案。[④] 欧盟文化遗产在线(ECHO)充分发挥新兴媒体的作用,将之用于档案保存,学术和教育探索,文化遗产共享等领域。联合国教科文组织亚太地区文化中心建立非

---

① 秦枫.文化遗产资源符号建构与产业融合:以徽州区域为例[J].云南开放大学学报,2016(2):7-10,32.
② 苑利.日本文化遗产保护运动的历史和今天[J].西北民族研究,2014(2):132-138.
③ 黄亚南,等.体育文化遗产数字化保护研究与应用[J].体育科学杂志,2007(3):12-17.
④ 杨红.非物质文化遗产数字化研究[M].北京:社会科学文献出版社,2014.

物质文化遗产亚太数据库,全面记录非遗的文化讯息。法国卢浮宫、意大利乌菲奇博物馆、英国大英博物馆、日本民族学博物馆等一批博物馆和图书馆对遗产进行数字化信息转化和保存,随着网络技术、信息技术、动作捕捉技术、虚拟现实技术、3D扫描等技术的出现和普及,为文化遗产在线虚拟展示和数字内容资源共享提供了更多的可能性。值得一提的是联合国教科文组织的"世界记忆"项目、欧盟的"内容创造启动计划"、美国的"美国记忆"、微软亚洲研究院的"eHeritage"计划。纵观国外文化遗产数字化实践,主要特征就是运用当代科技增强文化遗产保护力度,有助于遗产的存储、传播和研究。

国外关于文化遗产数字化方面的理论研究早于国内,以"cultural heritage"+"digital"为检索词在 ProQuest 学位论文数据库(遗产数字化博士论文见表1-1)、Wiley 学术图书在线等外文学术资料库中进行组合检索,其研究成果多集中在传播与艺术设计、计算机科学、图书馆学等领域。列举代表性论文(著)中的观点如下:Kate Hennessy 认为,以社区为基础对非物质文化遗产进行记录、传播和生产,数字遗产在数字时代保护遗产的复杂性。[1] Jeremy Boggs 认为:数字文化遗产的视觉界面和前景浏览的应用设计有利于文化遗产的理解。[2] Anil Singh 讨论了印度政府对文化遗产资源的数字化保存措施等。[3] Boamah 等人提出影响数字文化遗产资源保护的四大类因素——态度、资源、政策、管理。Brown 等人强调要利用数字技术对文化遗产进行保存和利用,确保文化遗产应提供给公众,即用于娱乐、教育等。[4] 以上是从区域或项目或技术实现方面着手分析文化遗产数字化的,Cameron & Kenderdine 与 Kalay 等人则从文化和媒介批判的视角对文化遗产数字化进行了理论探索。[5] 此外,每年召开的多媒体

---

[1] Hennessy K. Cultural heritage on the web: applied digital visual anthropology and local cultural property rights discourse[J]. International Journal of Cultural Property,2012, 19(3):345-369.

[2] Boggs J. Visual interface design for digital cultural heritage. A guide to rich-prospect browsing. Stan Ruecker, Milena Radzikowska, and Stéfan Sinclair (eds)[C]. Literary and Linguistic Computing,2012.

[3] Singh A. Digital preservation of cultural heritage resources and manuscripts: An Indian government initiative[J]. IFLA Journal,2012, 38(4): 289-296.

[4] Brown D, Nicholas G. Protecting indigenous cultural property in the age of digital democracy: institutional and communal responses to Canadian First Nations and M(a)over-barori heritage concerns[J]. Journal of Material Culture,2012, 17(3).

[5] Cameron F, Kenderdine S. Theorizing digital cultural heritage: a critical discourse [M]. Cambridge: MIT Press, 2007;Yehuda K, Thomas K, Janice A. New heritage: new media and cultural heritage[M]. New York: Routledge,2007.

与虚拟世界遗产相关会议设立了文化遗产数字化专题,零散的研究时有发表。

表 1-1　ProQuest 中关于遗产数字化博士论文学科分布表(截至 2017 年)

学科	篇次
Pure Sciences & Applied Sciences	12
Communications and the Arts	19
Education	5
Language, Literature and Linguistics	2
Social Sciences	8

1.3.2　国内研究概况与趋势

国内文化遗产数字化实践也走在理论研究前面,关于数字化实践,也取得了令人瞩目的成就,如虚拟五禽戏、编钟乐舞数字化和民间表演艺术数字化等,香港的口述历史档案库记录了不同阶层、族群、行业团体等人的亲身经验和个人记忆,并生成数字档案;台湾地区的数位典藏与数位学习计划涉及经济、文化、教育、社会及民生等方面,其目的是保存重要的文化资产,创造新文化,促进知识经济、创意产业的发展。以上研究与实践为数字媒介技术和文化遗产的保护与传承提供了思路。

国内关于非遗数字化的学术成果较少。关于非物质文化遗产的论著仅有两部——李欣的《数字化保护:非物质文化遗产保护的新路向》主要结合浙江东阳木雕谈非遗数字化问题;杨红的《非物质文化遗产数字化研究》主要讨论非遗的数据库框架及其关键问题。关于非遗数字化的学术论文,主要视角和观点如下:

(1) 宏观概述性研究。一些学者对非遗数字化保护进行了概念性和宏观性研究,包括非遗数字化概念、意义、现状等方面的研究。裴张龙(2008)、彭纲(2009)等人介绍了如何利用现有信息技术手段使非物质文化遗产得到更好的保护和推广。谭必勇(2011)等人从技术维度、文化维度、制度维度三个方面对国外文化遗产数字化进行解读,为未来非遗的研究提供建议,同时也认为应该在非遗数字化保护方面形成自己的特色,既有初始的技术驱动、政府牵引等共通之处,又有管理体系、保护机制等方面的不同点。彭冬梅(2006)等人讨论了进行非遗数字化的意义和紧迫性。黄永林(2012)等人从四个方面论证了非遗数字化的重要性,并建议从六个方面运用数字化技术促进非物质文化遗产的保护与传承。

(2) 针对某类非遗项目或某区域非遗的数字化研究。林毅红(2011)、马静(2011)、项建华(2013)等人分别从手工艺视角谈非遗的数字化保护、传承与发展,为非遗保护与传承提供了具体的范式。余伟浩、李永明(2012)等人论证了数字技术对民俗体育的再现与保护。赵倩(2012)以数字信息技术开发相应的旅游产品。彭冬梅等人以剪纸为例,对数字化技术的介入方式、保护手段和所要解决的问题进行了具体分析。曹玲(2011)、汤艳(2012)等人则是从地域视角阐述各区域的非遗数字化保护技术和保护实践等。

(3) 从图书、档案馆视角对非遗的数字化研究。张昳(2009)、张小芳(2010)等人分析了图书馆数字化保护非遗的现状,图书馆参与数字化保护非遗的重要性,在此基础上讨论了图书馆如何对非遗进行保护。高鹏(2011)阐述了利用数字化档案管理技术保护非遗的特点以及注意事项等。

(4) 针对某数字技术在非遗中的应用研究。吴林娟(2010)等人提出基于XML/Metadata框架的非遗数字图书馆架构,描绘各部分功能的关键技术。刘斌(2011)针对空间信息技术应用于非遗保护,利用GIS模式将现有非遗数据与空间数据相结合,实现数字化与可视化展示。李波、张红灵(2008)等人论述了国内非遗信息元数据研究现状,在语义成分、信息结构等分析的基础上提出非遗信息元数据模型,并介绍相应的使用方法。

(5) 非遗数字化传播的相关研究。伴随着新媒介技术的发展,新媒体越来越受到学界和业界的重视,短视频作为一种重要的媒介形式,与现在的各行各业都有千丝万缕的关系。"短视频+"成为继"互联网+"之后的一轮新业态助力各行业发展。杨青山、罗梅(2014)指出,新媒体与非物质文化遗产传播拥有契合点,用新媒体来传播非遗不仅可以实现人作为文化主体的能动性,还可以再造非物质文化遗产的时空。王晓敏、李晗(2019)立足"互联网+"视角,分析了黑龙江少数民族非遗传播的优势与壁垒,认为借助互联网、短视频、VR、AR技术实现非遗的数字化再现具有可行性。刘依(2020)认为非遗在工业化时代后,其保护和传承一般都会给人沉闷而严肃的印象,用快手、抖音来传播非遗则更具优势。

综上所述,目前关于非遗数字化研究多涉及遗产的数字化框架、数字技术语言、数据库问题、数字博物馆、数字图书馆等,很少涉及文化主体的话语权问题;较多地讨论文化遗产的数字化技术,很少讨论文化遗产的数字化过程中的文化问题、伦理问题、知识产权问题、文化主体权利与权益、遗产阐释力、非遗短视频的仪式化传播问题等。国内关于非遗数字化保护、非遗数据库等方面的学术研究尚处在起步阶段,从学术与实践方面来看,非遗数字化都具有重要性和现实意义。从宏观视角或具体视角,从理论建构或技术实践角度,由于非遗数字化研究涉及文理工多学科,知识跨度大,国内许多已有的研究面临系统研究和深度研究的困境,技术、理论、实践脱节,理论学者与技术人员缺乏深度交流。

1.4 研究内容与方法

1.4.1 研究内容

本书在总体框架上可以分为 7 个章节与结语部分,详见组织结构图 1-1。

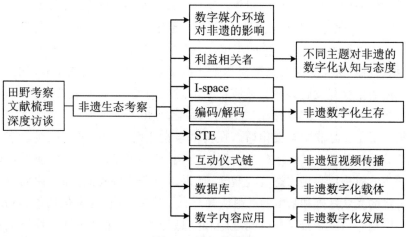

图 1-1 组织结构图

第 1 章是关于研究主题的凝练与提出,研究背景、意义,国内外研究现状,研究内容与方法以及可能的创新点。

第 2 章主要将涉及的文化遗产相关概念进行阐释与界定,以期在论述过程中能够准确把握概念的内涵与外延。本书涉及两个核心概念,一是非遗文化遗产,二是数字化。本书所指的非物质文化遗产概念与当下学界的界定并无二意,只不过将之限定在徽州范围之内的记忆型和技艺型非物质文化遗产。数字化的概念,主要是从文化的层面去解读。本书所运用的三种理论主要是霍尔的编码/解码理论、香农的信息论和布瓦索的信息空间论,三种理论都涉及信息的编码、传播、流通,只不过各自关注的重点不一样。霍尔的编码/解码关注文化意义的阐释,信息论侧重信息传播的有效性,而信息空间理论则更关心信息的生产与交换流通,三种理论的融合为非物质文化遗产数字化(存续发展)提供了理论基础,也为非遗数字化相关主体的合作提供了可能的路径。

第 3 章主要是根据近年来实地田野调研和文献资料整理而成,内容涉及徽州、徽州文化、徽州非物质文化遗产相关类别。在调研中对徽州非物质文化遗产进行考察，按照非物质文化遗产类别进行总结，包括其存续、保护、利用现状以及面临的现实问题。从调研内容得出，当下在现实环境中非遗的生存与发展存在生态性问题，如不少非遗项目传承人群日益减少，生存空间受到压缩、"流动记忆"面临消失、传播方式传统、传播范围窄化等。针对以上问题，希冀通过现代数字手段来弥补项目的存续问题，为下文的数字化相关议题研究做经验性铺垫。本章主要是实地调查与访谈的结果。

第4章主要从文化层面讨论数字化对非遗的影响，阐述数字媒介对非物质文化遗产生存与发展的影响，正如波兹曼所言：技术的变革导致整体性变革。非物质文化遗产及其生存环境和载体是相对脆弱的，在现代数字技术的席卷之下，对非物质文化遗产带来变革性的影响，既有好的一面，也有令人担忧的一面。本章本着积极、开放、谨慎的态度，从移场、错位、转译、赋权、改变、忽视、再现、传承、传播、认同等方面来审视和阐述数字媒介对非物质文化遗产的影响。当然非遗的生存与发展必然要适应社会的发展与变革，否则就会被淘汰，非遗要积极"转译"与"改变"自身，使之适应数字化环境。

第5章主要是非物质文化遗产在技术与文化两个层面如何应对数字化的抽象与编码。首先要有数字化的意愿，从利益相关者角度，即非物质文化遗产相关的主体对待数字化的态度与观念，如果遭到普遍的抵制，那么说明数字化没有一定的受众基础和基本的社会认知。有了意愿，要设计文化抽象编码层面的框架原则，从霍尔的编码/解码理论和信息传播论等角度论证非物质文化遗产的数字化抽象与编码。抽象本身就是一种概念归纳，化繁为简，对具体的多维度的文化事项进行降维、约化处理——少即是多。抽象是对非物质文化遗产是否经过合理的归类和综合特征的描述。完成了文化抽象，阐述数字编码，根据信息传播理论和信息空间理论，阐述非物质文化遗产数字化的语义层、技术层、效度层面的问题。如何最大效度地完成非物质文化遗产的编码与解码，尽可能减少理解偏差与误解，需要多主体协同矫正。最后是关于数字化的风险控制与障碍克服。

第6章是关于数字化载体以什么样的形式来承载非物质文化遗产的数字化内容。笔者认为数字内容必须有载体，并进行统一的管理，以确保数字信息在制度、市场的合法流动与扩散。而且非物质文化遗产的数字化信息内容，必须一个授权机制，才能更好、更有效地促进非遗的发展与应用。前面已论述数字媒介对非遗的影响，以及如何在理论上和规则上进行数字抽象编码。如果说抽象编码是非遗数字化的数据采集方面的阐述，那么数字化之后的非遗数据是如何进行存储、共享、管理及应用的呢？对此本章主要论述非物质文化遗产数字化的核心载体——数据库。对徽州非物质文化遗产数据库构建意义和建构路径，借鉴"参与光谱""合作-参与"机制进行阐述，尝试设计和构建遗产数据库与数字地图，并论述数据库的管理与运营。本书论及数据库仅从功能上构想，以及结合了笔者的一些实践，并非从具体技术上讨论。非物质文化遗产数据库构建，主要实现两个方面的功能：一是保存与管理非遗相关数字资料，为非遗的保护与管理提供决策依据；二是为了有效利用非物质文化遗产的数字内容，通过数据系统分析整合，挖掘非物质文化遗产资源中的有效资源，将文化服务、文化传承与产业利用融为一体，有利于科学研究、经济转型、文化振兴等。

第7章是在数字媒介环境下的非遗传播研究。非遗的传播不仅遵循着传承文化的公益逻辑，同时也发挥着市场的作用，通过媒介，非遗资源被转化为大众消费的文化符号和文化内容，是非遗资源市场价值创造和再生的过程。因此，徽州非遗资源的媒介化呈现是一个有目的性的、针对消费需求的，对于传统文化资源的选择、呈现、转化和市场增值的过程。特别是在数字媒介环境下，受众由相对被动的消费者与接受者转换成更加主动的使用者、选择者和产消者（参与生产活动的消费者），能够积极利用数字媒介进行内容生产和传播实践。遗产越是传播、分享，其价值和效用越大，促使社会力量参与到遗产保护与发展中来，使得公众能够更加广泛、深刻地认识遗产，培养自觉的遗产保护意识，合理利用遗产，给予公众文化熏陶和文化体验，提高社会公众的遗产素养，从而使得遗产得到更好的保护和传承。

第8章则是承接第6、7两章的内容，数字化内容及载体、传播现实已经存在，如何去运用这些内容，在宗族区、制度区、市场区更好发挥效用与价值——在宗族区的、制度区的扩散——文化的传播、传承与教育、展示；在市场区的交易——数字内容的产业化、商业化运营。非物质文化遗产数字化的意义，不仅是在数字化环境中档案式的保存、虚拟符号的记录上，而且是如何使用和延续数字档案与符号背后的文化语意与象征系统，也就是本章所要陈述的非遗数字内容的传承与应用——非遗数字化发展问题。非遗要适应数字技术的逻辑及非遗的生存与生成环境的变化，原有的文化表示要适应数字技术而更新、调整或改进，即非遗数字内容的创新，使得非遗在数字环境中能够持续生存与发展，展示其生命力，呈现其魅力。非物质文化遗产的数字化发展主要遵循两种逻辑，一是公益性服务逻辑。地方性知识的传承、展示、普及与教育，非遗数字化不仅能让文化拥有者保存文化，而且能帮助他们把自己的文化在更大范围、更深层面传递、传承、传播下去，这个层面的发展逻辑主要是非遗信息在 I-space 的采邑区、宗族区和制度区流动。二是产业性应用逻辑。在资本逻辑裹挟之下，传统文化（文化遗产）已然成为一种资源，非遗数字内容更是易于被现代产业所使用,从而对非遗内容进行创意加值,对文化意义进行再生产。产业应用要考量两个方面的问题,一方面非遗数字信息在多大程度上能够被合理、合法地在 I-space 的市场区流通,即哪些遗产内容可以被作为商业符号所使用,因为并非所有遗产都能被产业开发。另一方面是在资本逻辑下,如何保证非遗数字内容的正确解码与编码,使之符合文化发展规律。

结语部分主要是对全书总结和展望,涉及文章研究的不足和有待深化的地方,以及关于非遗数字化的消极性。

1.4.2 研究方法

(1) 文献整合法。查阅国内外相关文献梳理文化遗产(非遗)的数字化现状与发展趋势,为本书提供启发和借鉴。

(2) 问卷调查法。对徽州非物质文化遗产原生态和现生态进行调查,考察非遗的生存状态,调查徽州地区非遗事项存在的问题与危机,以及数字化的可能性与可行性(详见第 3 章)。

(3) 深度访谈法。对徽州非遗的利益相关主体开展数字化认知与态度研究。非物质文化遗产数字化需要得到社会的认可,所以对其进行田野调查是文化遗产数字化的必要环节。考察非遗利益相关者对非遗、非遗数字化的认知态度,进而展开对非遗数字化生存、发展和传播的文化认同研究(详见第 3、4、5 章)。

(4) 内容分析法。对非物质文化遗产短视频进行内容分析,结合柯林斯的互动仪式链相关理论,对非遗短视频展开多维度研究(详见第 7 章)。

1.5 可能的创新点

(1) 从综述可以看出,目前研究者多从数字技术层面探讨文化遗产(非遗)的数字化,鲜有学者从文化层面对数字化展开研究,数字化不仅是技术层面的问题,更体现在文化观念层面。本书从数字技术环境对非遗事项(非遗传承人等主体)的影响(移场与错位、转译与赋权、改变与忽视、再现与传承、传播与认同)10 个方面展开,考察与非遗利益相关主体的数字意愿,并论述数字编码与文化抽象。

(2) 将编码/解码理论、信息论与 I-space 理论糅合使用,将文化意义层面的编码/解码与技术层面的编码/解码有效结合起来,在非遗数字化方面尽可能做到有效"接合"。本书认为对于非遗的数字化要首先进行解码,而非编码,且存在多重编码和多重解码,每一次的非遗解读和意义使用都是一次解码和编码,通过非遗数字化的编码与解码,并尽可能地将其翻译到现实的非遗文化意义中,其本质上是对非遗意义的解读与阐释、传承与传播,尤其是在非遗文化意义的利用方面,更要考量非遗文化信息的阐释。

(3) 借用"参与光谱"(合作-参与)理念和 E-R 模型(实体-联系)概念对徽州非物质文化遗产的数据库进行详细的阐述与设计,并尝试描绘徽州非遗数字地图数据库。

(4) 非遗传播遵循两个逻辑——公益性和市场性,公益逻辑的传播主要是促进文化传承与保护,提升文化认同;市场逻辑的传播促使非遗转化为大众消费的文化符号和文化内容,是非遗资源市场价值创造和再生的过程。两种传播逻辑相互影响,相互促进——公益传播亦引导社会对非遗的文化消费,市场传播亦会促进非遗的文化价值传播,促进非遗的传承与保护。

第 2 章 非物质文化遗产数字化相关概念与理论基础

2.1 相关概念阐释

2.1.1 文化遗产

遗产本义是先人遗留的财物。《后汉书郭丹传》记载:"丹……入为三公,而家无遗产。"西文遗产(Heritage)源于拉丁语,意为"父亲为后代留下并继承的财产",中外关于"遗产"词义基本相通。

"文化遗产"是一个合成词语,"文化"是限定词,"遗产"是中心语,以区别于其他遗产,如自然遗产、农业遗产等。"文化遗产"被当今社会普遍使用,源于西方对物质形态的人类文化遗存的表达,例如 1954 年的《海牙公约》所指称的文化遗产就是物质实体。1972 年,联合国教科文组织(UNESCO)第 17 届世界遗产大会在巴黎通过了《保护世界文化和自然遗产公约》(以下简称《公约》),以文件形式正式使用"文化遗产"并为世界各国所接受。我国也较早使用文化遗产一词或概念,在 1950 年颁布的《禁止珍贵文物图书出口暂行办法》和 1982 年颁布的《中华人民共和国文物保护法》中就使用了"文化遗产""历史文化遗产"等词语,不过当时语境下的概念与当下的概念不尽相同。1985 年我国加入《保护世界文化和自然遗产公约》以后,国内才普遍使用国际通用的"文化遗产"这一概念。经过联合国教科文组织部分成员国建议,并伴随世界范围内遗产保护的深入和认知的深化,国际社会达成了共识——文化遗产①既包括物质的文化遗产,又包括非物质的文化遗产两个层面(图 2-1)。物质文化遗产指的是物质化、实物类的人类文化遗存,是相对"非物质文化遗产"而言的。

---

① 今天的文化遗产概念外延得以极大扩展,远远超出原有的范围,文化景观遗产、农业遗产、工业遗产、文化线路(线性遗产)等也部分纳入其范畴。

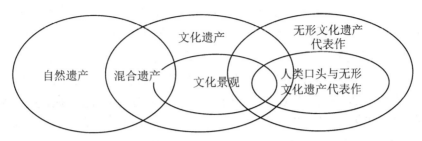

图 2-1 人类遗产体系范畴与分类

2.1.2 非物质文化遗产

1982年,联合国教科文组织成立民俗专家委员会,并设立了非物质文化遗产部门(Section for The Non-Physical Heritage),"非物质文化遗产"概念逐渐被国际社会接受。1983年,联合国教科文组织第22届大会提出:文化遗产中的"非物质的"遗产包括艺术、手工艺、语言、文学、民间传说、神话、习俗、信仰、礼仪等传统文化。受到日本使用"无形文化财产"概念的影响,1992年联合国教科文组织将"非物质遗产"(Non-Physical Heritage)称谓改为"无形遗产"(Intangible Heritage)。2011年,联合国教科文组织通过了《世界文化多样性宣言》等重要文件,正式使用了Intangible Cultural Heritage,并强调非遗对世界文化的重要性,以及对人类文化多样性与创造性具有重要意义。2003年,联合国教科文组织通过了《保护非物质文化遗产公约》,其中文版本订正本(文件号 MISC/2003/CLT/CH/14 REV.1)在第2条"定义"中规定:"非物质文化遗产"是指被各社区、群体,有时是个人,视为其文化遗产组成部分的各种社会实践、观念表述、表现形式、知识、技能以及相关的工具、实物、手工艺品和文化场所,并在《公约》中强调非物质文化遗产的传承性、生态性和创造性,以及文化的认同感和持续感(表2-1)。

表 2-1 联合国教科文组织非物质文化遗产概念分类

序号	概念
1	口头传统和表现形式,包括作为非物质文化遗产媒介的语言
2	表演艺术
3	社会实验、仪式、节庆活动
4	有关自然界和宇宙的知识和实践
5	传统手工艺

关于"非物质文化遗产",《公约》中文版称之为"非物质文化遗产",英文版

称之为"the Intangible Cultural Heritage",这并非翻译问题,《公约》用六种语言拟定,中文版本作为"有效文本"之一具有法律意义上的唯一性,不能把中文版本简单地理解为基于英文的译文。虽然称谓不同,但二者在法理和实际操作上具有统一性,国内将其称为"非物质文化遗产",一是符合中文表述习惯,二是"无形遗产"容易使人产生理解上的困惑,《公约》中的定义所指"手工艺、实物及相关工具、文化场所"都是有形的,且非遗所依存的载体亦是有形的。

本书所使用非遗概念及相关阐述,均遵照 2011 年通过的《中华人民共和国非物质文化遗产法》的内容(表 2-2),从大类上来看,分为 5 大类,但在细分方面,划分 6 个小类别或 10 个类别(表 2-3)。

表 2-2 《中华人民共和国非物质文化遗产法》分类

序号	概念
1	传统口头文学以及作为其载体的语言
2	传统美术、书法、音乐、舞蹈、戏剧、曲艺和杂技
3	传统技艺、医药和历法
4	传统礼仪、节庆等民俗
5	传统体育和游艺
6	其他非物质文化遗产

表 2-3 国务院非物质文化遗产代表性项目分类

序号	项目	序号	项目
1	民间文学	6	传统体育、游艺与杂技
2	传统音乐	7	传统美术
3	传统舞蹈	8	传统技艺
4	传统戏剧	9	传统医药
5	曲艺	10	民俗

2.1.3 徽州

"徽州",既是一个地理概念,也是一个文化概念。徽州是具有典型中国传统文化意义的区域。在历史上徽州的行政区划范围包括一府六县及周边地带,该地理区域是徽州文化存续的主要空间——歙县、黟县、休宁、祁门、绩溪、婺源。随着中国社会历史的发展,徽州行政区划的概念被徽州文化的概念所替代。当下徽州作为一个文化生态保护区(徽州文化生态保护区①)的概念而存在,其对应的行政区域是安徽省宣城市绩溪县、安徽省黄山市全境(屯溪区、徽州区、黄山区、歙县、休宁县、祁门县、黟县)、江西省上饶市婺源县。

限于主客观因素,本书所考察和调研的对象是徽州区域内的非物质文化遗产,本书中的徽州区域包括黄山市全境(黄山区、徽州区、屯溪区、歙县、黟县、祁门县、休宁县)、宣城市绩溪县,徽州文化区域已建立非物质文化遗产四级名录体系②,共有国家级非物质文化遗产21项,省级非物质文化遗产77项,市级非物质文化遗产142项,县(区)级非物质文化遗产240项(截至2017年)。安徽省内具有独特性和代表性的非遗项目多源自徽州区域。该区非遗项目涵盖国务院非遗名录10大类,各类非遗项目均有不同的特征,详见书末附录。

本书所研究的对象徽州非物质文化遗产的地理分布以歙县、绩溪县、黟县最为密集,其他各县区的非物质文化遗产事项以古镇、古村落为中心散落。

2.1.4 数字化

"数字"一词源于拉丁文,原义"手指",与"十指"计数相关。随着数学和计算机科学的发展,数字化成为现代性很强的专业术语。数字化原始意义是指用二进制代替传统的十进制。二进制起初是用于数据处理,即通过数据转换和处理,把文字、语言、图像、声音等进行数字化表达,在计算机中用0和1表示。二进制系统中,每个0或1就是一个位(bit 比特),位是数据存储的最小单位。如今,数字化的概念远超过比特组合的意义——不再是一种静态的、直观的符号意义。

当下,"数字化"一词家喻户晓。数字技术已经广泛、深入地渗透到社会的各个领域、各个层面,极大地影响着人们的学习、工作和生活。不过要对"数字化"一词进行界定亦非易事。之所以困难,不仅因为数字化本身就是一种新现象,而且因为数字化日新月异,具有明显的动态性,难以有一个固定不变的概念去定义。不过在这个概念界定的章节里,笔者有必要对数字化进行含义概括。主要从两个层面进行阐述:

一是科技层面,也是学者讨论比较多的层面,主要是指信息转换为二进制的代码——编码,以及编码后的信息数据网络化和智能化的采集、储存、传播及

---

① 2008年1月,经中华人民共和国文化部同意,设立徽州文化生态保护区,范围包括安徽省黄山市全境、宣城市的绩溪县、江西省上饶市的婺源县;保护以活态存在并传承的各类非物质文化遗产。由于目前仍处于试验性阶段,因此各保护区暂定为"文化生态保护实验区",待日后条件成熟时正式命名为"文化生态保护区"。

② 四级名录:国家级、省级、市级、县级。

使用。目前有两种观点,一是"数字化将许多复杂多变的信息数据转化为可以编码的数字,再将这些数字信息构建起合适的数字化模型,把它们转化为二进制代码,并输入计算机内部,再进行统一处理,这个过程就是数字化基本程序"。二是"数字化是将任意连续变化的输入信号转换为一串分离的单元,并在计算机中采用0、1表示。一般用模数转换器执行该转换"。[①] 无论哪种解释,都是在科技层面对数字化进行准确的描述。前者旨在描述数字化的基础工作——编码建模;后者则是阐释数字化的目的——实现数字信息的存储、组织、管理、传播、使用,并达到智能化和网络化的程度。所谓智能化,是计算机对人脑的智力和感觉的拟仿,并将信息进行逻辑编程,使之适合以人的认知方式对数据信息进行解构与重组等,进而将信息转化为其高级形态——知识,并由此建立知识数据库。通过数据库运行,可以替代或帮助人们完成相关工作。

论及数字化,网络是避不开的话题。网络似乎在很大程度上成了数字化的代名词。在网络环境下,信息、知识可以跨越原本由空间、时间、语言、学科等因素所造成的各种障碍,各种信息知识"昼夜不舍""跨海越洋",打破了学科、语言的藩篱,在速度、广度和深度层面提高了信息知识的共享、传播交流的效率。伯纳斯·李[②]曾这样描述对网络的体会:"网络梦的背后,是为了建构一个共同的信息空间,并由此可以实现信息共享与相互沟通。其通用性与普适性相当重要,超文本链接可以接合任何事物,无论是个体的、本土的还是全球的,无论是粗略的初稿还是经过精心编辑的。"[③]

二是文化层面——对数字化的观念、态度、理念等方面。科技是数字化的基础与关键,但如果单单从这个层面理解数字化,那势必是一种偏颇的认知。数字化在技术层面改变了信息的传播方式,同时也改变了人的信息接收模式、认知模式以及工作模式和生活模式。数字化不仅是科技变革,更是文化价值理念的变革,"技术变革是整体的生态变革"。[④] 它代表着一种新的价值取向,并由此衍生出一种新的文化——数字化文化。在某种意义上,数字化几乎成为现代社会发展的另外一种范式,文化层面的数字化是对数字技术的人文认知、思考、实践与适应,用数字技术对客观世界和主观世界建构一种全新的文化生态环境,它将是一种普适性的价值取向——数字化生存。提及"数字化生存"就不得不说麻省理工学院著名教授尼古拉斯·尼葛洛庞帝(Nicholas Negroponte),他

[①] 韩春平.敦煌学数字化问题研究[M].北京:民族出版社,2012:5.
[②] 万维网的发明者。
[③] 韩春平.敦煌学数字化问题研究[M].北京:民族出版社,2012:7.
[④] 尼尔波兹曼.技术垄断[M].何道宽,译.北京:北京大学出版社,2007:9.

一直倡导利用数字化技术促进社会生活的转型,并著有《数字化生存》一书。他认为,数字化生存是为现实社会中的人提供一个数字化的、虚拟化的空间,该空间实质上是由数字技术建构的"真实"虚拟的而非虚假的、想象的沟通平台。数字化生存将作为一种可供选择的、崭新的生产方式、生活方式和生存方式,不可避免地对人的认知、行为等产生革命性的影响。①

非物质文化遗产数字化同样涉及两个层面——文化层面与科技层面。从综述梳理看,目前学者对非遗数字化的论述,多数集中在数字化的技术和框架层面,涉及文化层面的较少。本书将对文化层面的数字化着重阐述,下面所涉及的数字化概念主要是指以数字"0""1"为介质的各种数字技术。笔者认识到非物质文化遗产门类多元,无法用统一的数字技术进行数字化保护、传承与产业化,故本书仅对数字化的机理进行阐述,而非对所有的非物质文化遗产门类进行具体的有针对性的数字化路径。例如徽州民歌、传说、舞蹈等记忆型非遗的数字化与徽州版画、徽州三雕、徽州漆器、竹编等技艺型非遗的数字化,无法用同一性的数字技术进行转换,但它们的数字化原理是统一的,均是基于0、1二进制的数字技术,无论是(移动)互联网(如微信、微博等数字媒介),还是动、静态数据库,抑或数码影视等,数字技术机理基本是一致的。数字化为当下存在传承危机的非物质文化遗产提供了另一种生存路径,即在现实社会中某些非物质文化遗产失去了相应的受众、生存土壤和空间,但数字化所构建的虚拟现实空间,为非遗的生存与发展打开了一道大门。在这个"真实"虚拟的空间里,非物质文化遗产可以找到属于自身的生存席位以及生存之道,并为整个文化生态保留一份文化基因,也为现实社会的人提供精神文化慰藉和寄托。

本书不具体探讨各类非遗的数字化技术与方法,而是在形而上层面对非遗数字化的理论化和原则性进行讨论。当下非遗数字化的实践与技术日新月异,探讨数字化技术或实践对于笔者来说实属不易,首先是主观因素——笔者并非技术工程人员,对数字化技术仅是泛泛了解,不敢轻易涉足技术方面的探索;其次是客观因素——数字技术与数字化实践日新月异,若是停留在某种或某项数字技术的谈论上,显然是跟不上数字技术的革新的,也不具有任何现实意义。但非遗数字化在理论层面的研究尚需跟进研究,也是本书所要阐述的重点,在已有的非遗数字化研究成果中均有提到非遗数字化的理论研究亟待加强。毋庸置疑,无论数字技术和数字化实践如何变革与更新,非遗数字化总需要一定的理论原则作为指导。

---

① 尼古拉斯·尼葛洛庞帝.数字化生存[M].胡泳,范海燕,译.海口:海南出版社,1997:2.

2.2 主要理论基础

2.2.1 编码/解码理论

本书的主要理论基础之一是斯图亚特·霍尔(Stuart Hall)[①]所提出的编码/解码理论。霍尔的编码/解码理论首次公开是在1973年9月《电视话语的编码/解码》文章里。当时，由莱斯特大学大众传播研究中心组织了主题为"批判性阅读电视语言的训练"的欧洲学术研究座谈会，霍尔当时提交了20页长的大会发言稿，在会上引起了极大反响。此后该理论引起了媒体文化研究领域的学术思潮，霍尔的理论声望由此确立。同年，该文章被收录到伯明翰当代文化研究中心的媒体研究里；1980年该文章正式刊出——被收录到伯明翰学派的理论著作《文化、媒体、语言》中；随后，该文章被收编到各种文化研究著作中，而且被翻译成其他语言并被引用。当该篇文章以书刊形式出版面世时，题目已更名为"编码解码"，其间霍尔对文章做了增减，内容更加精炼，进一步完善了理论的阐述。19世纪40年代的美国大众传播研究形成的主要模式为信源-信息-接收者(图2-2)。

图2-2　大众传播模式示意图

霍尔不只是运用了这个模式，还从根本上重新改造了这个模式。在霍尔的"话语实践"中，当把三维现实时间进行二元表征时，无法意指所有的相关概念。按照霍尔的理解，信息传播存在着不对称性。传者按照一定的逻辑关系将信息编码包装，经过一定的信道向受者传递，当这一包装好的信息被受者打开那一刻，信息便按照受者的逻辑产生了意义，这个逻辑是否与传者一致，意义的理解是否达成传者的目的，整个过程存在着不确定性。按照霍尔对编码/解码阐述，以示意图(图2-3)来表达这一过程。

与上文传统大众传播研究"发送者-信息-接收者"的线性模式不同，霍尔提出编码/解码的新模式，使得意义阐释与解读更加多元化。在该过程中，霍尔将

[①] 斯图亚特·霍尔被称为当代文化研究之父、思想家、文化理论批评家、媒体理论家，为英国社会学教授。

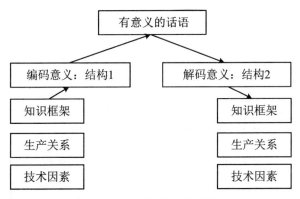

图 2-3　编码/解码示意图

编码意义界定为结构 1,把解码意义定义为结构 2,两个结构因为受到传者和受者双方的知识框架、生产关系和技术因素的约束,结构 1 与结构 2 的意义可能并不相同,即导致编码所设定的意义与解码所生成的意义"不一致",二者没有直接的线性传递,也没有对称的符码解读。正如霍尔所言,观众对媒介信息的解码方式通常"不会构成'立即的一致性'(Immediate Identity)"①,即解码过程可能与编码这些信息的过程不一致;解码过程存在"相对自主性"(Relative Autonomy),因为"传播者与接受者之间有结构性的差异",进而会选择性误读或超读(Read Past)编码的意图。②正如霍尔在"编码/解码"中所述,编码者通过传播机制将代码构建出来的具有意义的话语传递给解码者,只有解码者接受并认同编码者的意义,才能达到应有的传播效果。作为信息另一端的解码主体,对意义的解码会受到其自身的社会地位、文化结构、价值观念等因素的影响。

霍尔的"编码/解码"理论颠覆了传统大众传播模式——受众是被动的,它强调受众可以按照自己的心智模式来阅读与阐释所接收的信息,也可以重新赋予信息不同的文化意义。整个"编码/解码"过程就是一个意义接收、加工与意义再生产的过程③,意义的接收与理解是多元化(Polysemic)、相对开放自主的,而非是线性和单一的,解码者可能是完全接受编码过程的意义,或者是部分地被呈现、理解或接受;或者接收者也可以根据所接收的意义进行再生产再加工,进行新的解读与诠释,形成新的意义模式;抑或是不接受或对抗原有的编码涵义。

霍尔的编码/解码理论,成为大众媒介解码的经典模式,即三种意义的解读模式,如图 2-4 所示。

---

①②③　武桂杰.霍尔与文化研究[M].北京:中央编译出版社,2009.

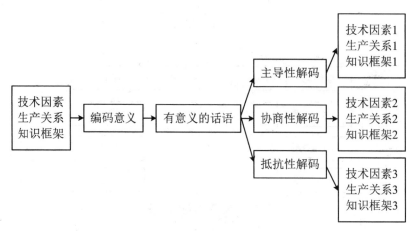

图 2-4　媒介信息解码的经典模式

对于同一文本——"有意义的话语"的解码，一般来说编码者鼓励解码者按照事先编码逻辑进行解码，即"推介意义解读"或者"主导意义解读"（Dominate Reading）[1]，但解码者并非会按照这个路径解读，因为他们受到生产关系、个体经验、知识框架和解码技术等因素的影响。解码者会选择不同的解码模式，若解码者的背景结构与主导话语模式部分相同，可能会采取"协商性解码"；若解码者的背景结构与主导话语模式有直接冲突，则采用"抵抗式解码"，霍尔"编码/解码"理论显示了他的批判性意识。[2]

编码/解码理论作为文化研究的经典理论，本书将其应用到非物质文化遗产数字化之中，以期用它指导非物质文化遗产的数字化转换——从民间话语到制度话语、市场话语的转化，从现实社会文化向数字媒介或虚拟世界的转化，从生活语言、行为等向数字语言的转化。对该理论的转借主要有以下三层意义：

第一层意义是对理论的修正。本书在这里无意冒犯或挑战该理论的权威，所谓修正是指笔者认为对文化遗产的数字化首先要进行解码，而且是多元性解码，如果不能有效地多元解码，那么就无法进行有效的编码和意义的再解码。在这里笔者尝试对此进行一个新的编解码模式（图 2-5）。

在这个模式图中，首先是对某项非物质文化遗产进行解码，因为不同的话语主体对非物质文化遗产的认知不一样，其阐释意义也不一样，每个主体对遗产的编码逻辑亦不同，会形成一个意义丰富的话语体系，不同的受众主体会对这个编码意义丛再次进行不同意义的解码。图中没有表达出来的是——每一

---

[1] Hall S, Hobson D, Lowe A, et al. Cultural, media, language: working papers in cutural studies, 1972-1979[M]. London: Hutchinson, 1980: 256.

[2] 武桂杰. 霍尔与文化研究[M]. 北京：中央编译出版社, 2009.

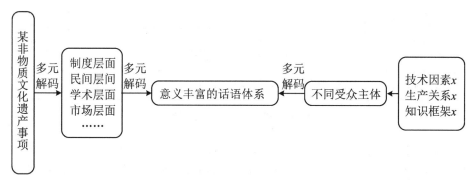

图 2-5 编码/解码修正模式示意图

种编解码都存在"噪音"的干扰,抑或是对编解码有益的补充。

第二层意义是对该理论的误读。所谓误读是笔者对霍尔的这个学术思想尚未真正理解与把握,在借用该理论的过程中可能会产生思想的偏差,以致误导读者,甚至走上"歧途",在此先表达一下歉意。

第三层意义是对该理论的丰富或延伸。所谓延伸是指将该理论进一步引入文化遗产的传播中,期待该理论能为遗产的传递、传播、传承提供良好的路径,在遗产数字化方面,将霍尔的编码/解码理论与计算机信息科学中的编码做一个"接合"。在笔者看来,霍尔的编码/解码理论同样适用于文化遗产的解读与传播,霍尔编码/解码理论是形而上的,可以在更宏观更高层次指导文化遗产的阐释,而遗产数字化的编码是技术层面的编写代码,将非物质文化遗产的各类信息知识进行 0、1 处理,使之符合计算机、网络等技术的读写运行。

2.2.2 信息论

非物质文化遗产的数字化,在本质上是一种信息形式。本书借用了香农与韦弗所提出的信息传播理论。香农认为,传播是一个过程,通过这个过程可以去影响另外一部分人。这个过程是有目的性的,信息的编码和解码是一个社会过程,涉及传-受主体的主观意义——信息,由一种有意图、公式化的编码程序产生,并达到相互理解。香农与韦弗在他们的合著中提出了传播的三层问题(图 2-6)。

图 2-6 中 A 层问题属于技术性问题。信息要在数字媒介中进行传播就必须保证信息传播者与接收者遵循统一的标准——编码标准问题。这也是非物质文化遗产数字化的基础与前提,就是把非物质文化遗产转化为数字信息,且这种数字信息必须被数字媒介所识别和读取。

B 层问题属于语义问题,是在 A 层问题解决前提下的第二层问题,对于非物质文化遗产数字化来说,B 层问题属于编码形式和质量选择问题,信息表达

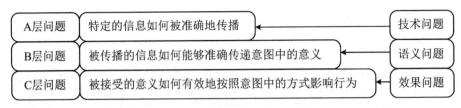

图 2-6　信息传播的三个层级

形式是多元的,如图文音像等形式,且不同形式的编码质量也不同,有高保真的,也有低像素的等等,需要针对具体的非物质文化遗产进行选择,以达到可理解可接受的意图。

C 层问题的解决是建立在 A 层问题和 B 层问题基础上的。将数字化的内容"返译"回现实世界,即"解码"。C 层问题对非物质文化遗产数字化至关重要,因为非物质文化遗产的生存与发展要尊重其文化的规律,不能整齐划一地"解码",要能够尽可能地保证它的文化意涵,不能被歪曲与误解,否则将失去文化价值。

2.2.3　I-space 理论

非物质文化遗产数字化及传播的三个层级问题需要基于信息理论做深入研究,文化学者与数字信息专家需要通力合作。但目前非物质文化遗产数字化方面的主要问题是两个领域需要全面、深入且有效的合力协作,为保证合作的有效性,需要构建一种框架性方案为之提供合作前提。英国学者马克斯·H.布瓦索(Max. H. Boisot)提出了一套信息空间理论,并建立了"信息空间"(I-space)模型①,该理论为文化学者、非遗传承人、数字信息专家之间的合作提供了理论基础。

该理论认为,任何信息产品、价值及其意义均可从三个维度来解释,即编码、抽象与扩散,其中编码是指将感觉数据进行分类的难易度;抽象是指通过识别数据与数据之间内在逻辑联系而产生概念的难易度;而扩散则是指编码信息向相关利益受众(如企业主、竞争者、消费者、一般公众或者合作伙伴)传播的难易度。编码反映了数据信息在多大程度上能被赋予相应的形式,抽象则是化繁为简的一种形式——用少量信息表示杂多的事物,即"少就是多"。编码赋予信息以形式,抽象赋予信息以结构,两者共同发挥作用,使信息的扩散性与传播性

---

① 马克斯·H. 布瓦索. 信息空间:认识组织、制度和文化的一种框架[M]. 王寅通,译. 上海:上海译文出版社,2000:45.

不断增强,进而达到相应的目的。① 编码、抽象与扩散共同构成了一个三维信息空间,如图2-7所示。

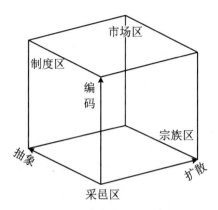

图2-7 "信息空间"框架模型

编码维度用来表示信息在多大程度上可以被计算机识别,由于非物质文化遗产存在形式的复杂性、多样性和差异性,不同数字化主体所采用的编码形式也不同。

抽象维度是一个概括与描述的过程,即合理归类和综合描述,也是数字化的过程。抽象程度越高,越容易传播,其被接受的程度越大,影响程度也越大。

扩散维度是指信息传播速度、广度与深度,即被受众接触、认知和接受的程度。非物质文化遗产的传播路径很多元,有在场传播、在线传播、同步传播、跨时空传播等,在数字化条件下,可以对非物质文化遗产的数字内容进行迅速扩散。

在图2-7中可以看出,由三个维度所组成的信息空间包含四个区域,即采邑区、宗族区、制度区、市场区。② 采邑区位于三维坐标轴的原点附近。这个区域是非物质文化遗产的发源地,是非物质文化遗产最完整的、最原始的信息集合,这里包括传承人、项目具体知识等,相对个体化,但也最具创意性,多数创造性思想都是从这里诞生的,然后再扩散到I-space其他区域。

宗族区位于I-space的右下方,该区域内的信息可以实现小范围的共享与传播,是非遗生存的社区或遗产地或文化生态区,非遗传承人群或部分利益相关者能共同识别的非遗信息知识,在此区域范围内的人群共享非遗的信息,也表示非遗有着良好的受众基础,说明目前该非遗的生存与保护压力较小,但由

---

① 赵东.历史文化资源数字化保护与开发研究[M].西安:陕西旅游出版社,2014.

② 马克斯·H.布瓦索.信息空间:认识组织、制度和文化的一种框架[M].王寅通,译.上海:上海译文出版社,2000:328-372.

于非遗相关缄默知识,部分非遗信息并不能被自由扩散,受到非遗相关约定俗成的规定或者相关法理制约。当非物质文化遗产的原始环境发生改变,要么长期滞留在宗族区甚至扩散到市场区,要么返退到采邑区或消失。

制度区位于 I-space 空间的左上方。在制度层面的非遗信息不能像在市场中那样为所有的主体获取,这些信息被相关主管部门或特定群体所把控,需要得到信息授权方能获得相应的非遗信息,例如文化部门中具体管理非遗的处室掌握着编码程度好的、相对抽象的编码信息,若要获得相应的非遗信息知识则需官方的授权与许可。再如当前我国的文化资源信息共享工程,是一个分布式共享工程,但各级文化主管部门并未真正共享相关的文化信息资源。这种管控与授权并非非遗信息知识扩散的障碍,而是对非遗数字信息资源的保护。数字化信息是一种低成本、重复使用、易于变形的信息形态,如果得不到有效的管理,则会出现编码混乱与"非法"利用,进而导致非遗信息资源的损坏。

市场区位于信息空间的右上方,"市场"代表着自由,亦即信息在这个区域可以自由"交易"。[①] 即非遗的编码信息可以进行市场交换或交易,在这个区域内,非遗的编码信息可以进行知识更新与创造,形成新的可利用的信息知识,即非遗信息的产业化或商业化应用。

2.2.4 文化遗产相关理论

文化遗产是在特定的历史语境中产生、发展和演变的。这种不可剥离的历史语境既是赖以依存的自然生态,也是指文化遗产赖以延续的文化生态环境和特定的共同体的社会传统。自然界是人类历史发展的前提和基础,文化遗产作为历史的特殊存留物,也决定了遗产必须以特定的自然环境为背景而展开。遗产具有自然属性,一方面说明遗产之所以存在,必定满足了人们对生产生活的需要,另一方面也形成了一种遗产与另一种遗产之间的客观性的差异。对生态环境的尊重与保护,以及在与自然和谐共处基础上创造文化,与生物一样,文化的多样性亦离不开其生长与发展的生态环境。多姿多彩的文化遗产样式恰恰反映出在不同环境中人与自然相互依存、和谐共生的多元化模式。

遗产不仅具有自然属性,更表现出强烈的文化规定性。每一种特定的文化遗产背后都有一个特定的共同体及其所创造的文化传统作为支撑。人们在不同的历史文化空间中逐渐形成各具特色的生产生活、社会交往、观念认知和情感方式,孕育了各种各样的遗产类型。文化将物理性的"空间"转化为文化性的

---

① 马克斯·H.布瓦索.信息空间:认识组织、制度和文化的一种框架[M].王寅通,译.上海:上海译文出版社,2000:380.

"地方"和"社区",由此建立了文化的多样性。为了保护文化的多样性,人们开始重新认识到"地方性知识"①的重要意义。地方性知识最直观地被解读为在特定的历史文化中形成和积累的情境化、经验化的知识与技能,由于特殊的时空规定性,地方知识的使用范围与传承范围往往受到限制,在非物质文化遗产名录中的传统手工艺大多数都属于地方性知识。

文化遗产具有客观性,但人们的价值却有时代性和语境性。新的社会语境赋予文化遗产以新的内涵,遗产的传统语义和现行语义之间可能出现很大的差异,现代文化遗产在保持遗产原义的基础上,在现代性的裹挟下,产生了许多新义,有的原义已经被新义所覆盖和替代。

文化遗产有其自身的价值轨迹,仅关注遗产的现代衍生的经济意义、政治意义,而不关注它的历史原意是不符合遗产事实的。从本质上看,文化遗产与"过去"有关,遗产就是关于"过去"的人与事。"过去"会随着时代的变化而赋予不同的遗产意义,进而导致意义的流变。

文化遗产是一种特殊的表述,遗产会被抽象成特殊的文化符号,可能会与它的历史整体发生分离,遗产的某个方面被突出或被弱化,使遗产离开它的原始意义。文化遗产是一组记忆符号,过去的"事实"必须通过后代的不断回忆与追溯,并融入当下社会生活,才能建立起对"我"过去的身份感知与文化认同②。作为一种独特的符号体系,文化遗产不仅帮助共同体返回过去,也回应时代与社会的变化所带来的挑战与危机。这里需要强调的是,文化遗产唤起历史记忆的具体方式脱离不了特定的社会历史情境。文化遗产的多元化存续正是以遗产符号系统本身多样性来呈现和表征的。一项遗产放在面前,遗产有哪些特征?区别于同类的遗产的关键点在哪里?遗产的阐释成为重要的工作,通过阐释遗产,可以教育大众,影响公众对遗产的理解,谁来阐释遗产,社会如何参与遗产编码与解码,这是当下文化遗产"翻译"的关键。文化遗产是如何被解读的?解读的技术与方法是什么?解读的信息是如何被建构出来的?文化解读与遗产的"过去"、记忆是正相关的,只是当下的遗产诠释要符合现代性,文化遗产在社会中发挥重要的教育功能、艺术功能、文化功能、经济功能等,遗产的解读与诠释对社会公众具有重要的建构和重塑意义。

文化遗产作为一种文化资本、符号资本,其指符相对简单,但其背后的所指

---

① 所谓地方性知识,是一个人类学术语,由美国著名解释人类学家格尔茨(Clifford Geertz)在《地方性知识》一书中提出,将地方性知识视为具有独特意义的本土性文化知识系统。

② 彭兆荣.文化遗产十讲[M].昆明:云南教育出版社,2012:74.

却具有深厚的文化内涵,这些符号往往能通过简单的指符而使人联想到与其相关的地方性、地方感、历史典故、传统文化,以及其背后的文化精神、文化观念,这种特点便于遗产符号的产业性利用和商业性操作。文化遗产具有稀缺性,即不可再生性和不可替代性。鲍德里亚认为,在特殊的消费时代,其显著性特点是"符号制造、符号操纵与符号消费",社会对符号意义的消费超越了物品本身——消费的"不是物,而是符号",即产品的文化附加值。一切遗产皆是对过去的"记忆、保存、想象",其本身并无经济价值,但人们却乐于去购买和消费文化符号,正是因为文化遗产具有文化信息、经验和想象的东西。在经济领域,文化遗产本身可以作为商品或服务进行产业化开发,或者将文化遗产所属空间作为产业空间,抑或将文化遗产提炼为某种文化符号进行产业创意加值。

在数字环境中,文化遗产被看作符号进行创制和消费,是遗产参与产业的一种有效路径,使之具有文化资本和经济资本的属性,是"当下一种求助于过去的文化生产模式"[①]——利用文化遗产的"过去"制造出使用价值和符号价值。

目前社会上流行的遗产热,表现出遗产"为当下所用"的功利性,但遗产毕竟源于过去,与历史、记忆等都有联系,被镌刻了历史的烙印,戴着"过去"的光环,承载着过去的历史记忆或集体记忆。随着迅速的现代化、全球化带来的文化的同质化,也令人们对多元文化、异质文化产生更多的向往。遗产既有对过去的记忆,又有对过去的遗忘,不管是记忆还是遗忘,都是为了满足现在的政治、经济、文化的需要,当下流行的遗产热现象,需要反思它背后的政治经济目的,而不是一味地盲从。

2.2.5 互动仪式链理论

随着信息技术的不断发展和媒介环境的改变,非遗的继承与创新在新形势下也面临着新要求,数字化媒介可以助力非遗传承与传播。在传统文化复兴和短视频行业迅猛发展的双重背景下,非遗已经借势短视频在一定程度上实现了自身的发展,越来越多的用户参与到非遗短视频的互动中来。本书将以抖音平台上的非遗短视频为研究对象,探讨非遗短视频的用户互动行为和互动传播机制,对非遗短视频传播和用户互动过程中出现的问题进行反思。

"互动仪式"是由美国社会学家柯林斯在其著作《互动仪式链》中提出的一个概念。互动仪式是一个具有因果关系和反馈循环的过程,参与者在这个过程中拥有共同的关注点,并且彼此之间能够感受到对方身体的微观节奏和情感。

---

① Barbara K G. Destination culture: tourism, museums and heritage[M]. Berkeley: University Of California Press, 1998.

互动仪式的核心机制是互相关注和情感连带,高度的互相关注即高度的护卫主体性,跟高度的情感连带——通过身体的协调一致、相互激起/唤起参加者的神经系统结合在一起,从而形成了与认知符号相关联的成员身份感。在柯林斯构建的互动仪式模型中,互动仪式由四个组成要素构成,分别是:两个或两个以上的人身体在场并且相互影响、对局外人设定界限、参与者拥有共同的关注对象、参与者分享共同的情感体验。互动仪式也输出了四种仪式结果,分别是:群体团结、个体的情感能量、对代表群体符号的尊崇以及对破坏群体团结行为的愤怒。虚拟空间使得身体共在成为可能,当人们拥有共同的关注点时,会不断围绕关注点发表自己的看法,同时也会聆听他人的意见。在一来一往的沟通交流中,共同情感被催生,群体中探讨的热情进一步升华,当这种热烈的气氛围绕着群体中的每一位成员时,他们更加倾向积极地表达自我与回应他人,最终引发集体兴奋与高度的情感共鸣。这就是柯林斯所谓的"参与者情感与关注点的相互连带,他们产生了共享的情感和认知体验"。[①]

[①] 兰德尔·柯林斯.互动仪式链[M].林聚任,王鹏,宋丽君,等译.北京:商务印书馆,2009:86.

第3章 徽州非物质文化遗产现状与问题

3.1 徽州非物质文化遗产概况与特征

在徽州区域内,依托绝佳自然生态环境存在的不仅有大量的物质文化遗产(如古村落等),而且有丰富的非物质文化遗产,如民俗风情、方言、民间艺术、传统技艺等。徽州非物质文化遗产内容丰富,类型繁多,具有很高的学术价值和社会文化价值。目前,根据笔者所掌握的数据整理,徽州文化区域已构建非物质文化遗产四级名录体系,该区域国家级、省级非遗项目名录详见文末附录1,市级、县区级项目名录详见文末附录2、附录3。该区域的非遗呈现以下特征:

(1) 特色鲜明的地域性。

徽州地处皖南山区,境内高山环绕、峰峦叠嶂。其独特的地理位置与相对封闭的山区自然环境,决定了积淀于徽州地区的非物质文化遗产具有鲜明的地域性,也为徽州文化的繁荣与发展提供了天然的屏障。徽派建筑风貌、宗族宗法社会、对程朱理学的固守与普及、对人与自然和谐理念的广泛践行等,都与徽州明显的地域性相关。

(2) 与文人意趣相融的民间性。

徽州非物质文化遗产生于民间、长于民间,在民间流传至今,但是与中国其他地区非物质文化遗产不同的是,徽州文化中的诸多非物质文化遗产具有显著的文人审美意趣,是乡民文化与士人文化相结合的产物。

(3) 生生不息的活态性。

徽州的非物质文化遗产是徽州地区的劳动人民在长期的劳动过程中,经过一代代的积累和改进并以师徒或团体授受的形式流传下来,逐渐形成的技能或习俗。很多至今还存活于当地人们的生活之中,和人们的日常生活紧密结合。

(4) 文化积淀的密集性。

在徽州地区,非物质文化遗产的存在密度极高。徽州民歌、民谣、齐云山道场音乐、祁门傩舞、徽剧、徽州目连戏、歙砚制作技艺、徽墨制作技艺、万安罗盘制作技艺、徽派传统民居建筑营造技艺、徽州三雕、新安医学、赛琼碗、安苗节等,几乎涵盖了口头传统、传统技艺、社会风俗、礼仪、节庆等非物质文化遗产所定义的全部类型。

(5) 文化内涵的精粹性。

徽州地区非物质文化的精粹性堪为中国农耕社会的典范,有相当一批非物质文化遗产项目代表了国家级的技艺水平,并具有全国性的影响。徽州非物质文化遗产资源中的大批文化样式,代表了中华传统文化在某一特定领域的高级形态,独具文化风格和精神内涵。

(6) 文化生态的完整性。

徽州地区自然环境优美,至今仍保存着数量较多且较完整的古村落、古城镇和古街区,丰富密集的物质遗存成为非物质文化遗产传承发展的有效载体。辖区非物质文化遗产和物质文化遗产相互依存、相互交融的特性明显,天然构成文化生态的完整性,有利于对其境内的非物质文化遗产进行整体性保护。

3.2 徽州非物质文化遗产现状与问题

3.2.1 徽州非物质文化遗产现状

根据笔者近年来对徽州区域的实地调研和文献查阅,对徽州非物质文化遗产资源进行梳理,按照遗产类别分别进行总结和分析。调查涉及十个大类(民间文学,传统音乐,传统舞蹈,传统戏曲,曲艺,体育、杂技、游艺,传统美术,传统技艺,传统医药,民俗),下文分别针对徽州的各个非遗类别的类型特点、存续现状、存在问题等层面进行总体性描述。

1. 民间文学类

主要包括两个方面:一是生活气息浓郁的民谣、民谚、故事和传说;二是富于人文氛围的楹联匾额。

存续状况:民间文学的传承人较为广泛,基本以口述者为主,也包括一部分收集整理者(当地的退休教师、乡镇村干或文化爱好者)和高校的研究者。近年来,相关普查成果汇编成书。但实际口述者,特别是用纯正方言讲述的越来越少,少数讲述人年岁已高,受众面越来越窄,口头传承面临很大的困难。

现存问题:(1) 生活类文学属于口头遗产,其表现形式具有极端的不稳定性,随着交流方式多样化、信息传递快速化,这种口传文化的生存空间受到了很大的挤压。

（2）熟悉生活类文学内容的传承者散布在各个村庄，不具有代表性，存在着代表性传承人难以确定的问题，阻碍了此类文化的有效传承。

（3）随着岁月的流逝和一批批知晓生活类文学的老人相继离世，而年轻一辈又缺乏学习传统文化和方言的意识，这类"流动记忆"正面临消失。

（4）人文类文学依附徽派建筑而生，但由于徽派建筑主要是砖木结构，倒塌危机以及蚁类危机日益严重。而经营古村落旅游的旅游公司不可能有足够的资金用于维修古民居以及古民居上的楹联匾额。同时村落居民生活方式的改变和经济活动的影响也增加了楹联匾额的保护难度，许多楹联匾额还在埋没中，期待发掘。一系列古建筑带来的问题使搜集楹联匾额的工作变得困难。

（5）因为文化媒体的多样化，以及广大青少年欣赏心理与兴趣的转移，真正懂得欣赏这种口碑流传的人文类文学的人越来越少，后继乏人。

2. 传统音乐类

基本上可以细分为"从日常生活中提炼的民歌和小曲小调""宗教音乐""与游艺活动相关的音乐"三类。

存续状况：民间小调缺乏新一代、有影响力的传承人。如齐云山道场音乐传承人较少。游艺类音乐沿用至今，深受当地农民喜爱，但近年来呈萎缩之势，只在少数保留有业余剧团的乡村在举办民俗活动时才有演奏。

现存问题：（1）诸如民歌、小曲小调的生活类音乐的产生，通常要经过一个较长的渐变积累过程，并随着时代的不同产生新的曲调和唱词。但随着城市化进程的加快，会唱原生态民歌的人越来越少，许多年轻人甚至不知道当地有民歌，更无法创造新时代的徽州民歌。

（2）由于20世纪六七十年代中断了齐云山道场音乐的传承，再加上随着业务娴熟的老道长先后羽化仙逝，现在几乎无人能演奏完整道场音乐。目前道教协会经费困难，也使得齐云山道教协会很少从事大型道场活动，使齐云山道场音乐渐渐失去了依托载体。

（3）游艺类音乐大多是农民闲时自发进行排练和表演的，缺乏专项经费支持，影响了群众参与的积极性。

（4）缺乏相关机构进行长期不间断的整理、研究和传播，民众关注度不高。

3. 传统舞蹈类

主要是祭祀礼仪类、生产劳作类和节庆游艺类舞蹈。

存续状况：近年来，一些传统舞蹈为满足旅游市场需要陆续被复活，但渐渐远离了其初衷，变成一种热闹的娱乐活动。祁门傩舞、采茶扑蝶舞、跳钟馗、字舞、麒麟舞等有传承人，游太阳、打莲湘传承人已经缺失。

现存问题：（1）传统舞蹈旧时都是农民闲时自发组织排练表演的，缺乏专项经费扶持。同时随着农村劳动力的对外输出,造成了传统舞蹈团体缺乏演出人员和后续传承人。

(2) 大部分舞蹈都缺乏生存土壤,尤其是祭祀类舞蹈,随着农村群众的观念变化,以及现代娱乐方式的影响,原来敬神祭祀、自娱自乐的功能与现代文明已不能相互融合,同样也失去了演出机会。

(3) 一些加工整理后获得演出机会的舞蹈,比如傩舞、黎阳仗鼓、采茶扑蝶舞,虽然能在各种调研与大赛中演出、获奖,但已经变成少数专业团体的表演项目,人工加工痕迹明显,失去了民间传统舞蹈所承载的历史文化信息。

4. 传统戏曲类

代表性的有徽剧和徽州目连戏。

存续状况:徽剧作为徽州极具特色的戏曲,现有专业剧团一个,即黄山市京徽剧团;研究机构一个,即黄山市徽剧研究中心。目连戏在祁门县已有四个村庄不同程度地恢复了演出,但尚未建立长期有效的传承机制,保护仍不容乐观。尤其是徽州目连戏,基本处于濒危状态。

现存问题:(1) 由于经费制约,以及农村大部分劳动力外出务工,目连戏缺乏后继演出人员队伍。再加上目连戏唱腔古老,难懂、难唱、难学,一般人也不愿意出演,仅有的两支目连戏演出队伍难以为继。

(2) 因为时代变迁和意识形态的变化,目连戏所宣扬的一部分内容已经具有时代局限性,对于发掘其中符合当代价值的内容,并加工表演,还缺乏必要的、专业的手段。同时,由于目连戏代表性强的祁门县交通相对闭塞,旅游业没有形成气候,目连戏也相应缺乏演出空间。

(3) 徽剧同样存在着人员面临断层的现状。目前徽州对徽剧的研究已成冷门,专业人员越来越少,演员年龄偏大,对徽剧的挖掘、整理、研究工作进展缓慢。

5. 曲艺类

此类主要有讨饭灯。

存续状况:传承人集中在歙县车田村,20 世纪 50 年代讨饭灯表演停止,近年来春节期间有部分恢复。

现存问题:(1) 普查力度和深度还不够,没有对徽州曲艺资料进行全面深入的挖掘。

(2) 由于没有发现活态传承的曲艺项目,传承发展也无从谈起。从文献中挖掘出项目进行恢复表演,基本上等于艺术再创作,所承载的历史文化信息稀少。

6. 体育、杂技、游艺类

主要分为两类:一类是杂耍类,另一类是大众类。

存续状况：叠罗汉叶村村民代代相传，这一盛会至今未间断过，并组建成立了"歙县叶村叠罗汉艺术团"，进行叠罗汉艺术研究、资料搜集及艺术表演等。其他杂技随着老艺人的逝去，知者甚少，处于濒危状态。

现存问题：(1) 项目普查力度不够，该类别资料不完善。

(2) 缺少系统的展示体系和合理的保护利用措施，没有多元化的保护渠道。

(3) 对外宣传力度不够，民众关注度不高。

(4) 没有及时培养传承人，导致许多有价值的项目逐渐失传。

7. 传统美术类

以徽州三雕为代表的雕刻类和以徽派建筑为代表的建筑艺术类。

存续状况：由于现代居住方式的改变，用于徽派建筑中的徽州三雕与徽州人的生活愈来愈远，虽然政府采取了一定的措施，但存续现状仍不容乐观。而作为工艺品的徽州根雕、竹雕技艺在濒临灭绝的境地后，随着20世纪八九十年代的收藏热复苏，盆景的存续也较20世纪前期有明显好转，但剪纸等其他项目仍旧生存艰难。

现存问题：(1) 普查力度不够，资料不齐全，名录体系不够完善。

(2) 保护传承方式单一，多以宣传展示为主，没有根据传统美术的不同艺术特征实施有针对性的保护方案，没有与生产性保护充分结合。

(3) 雷同的项目散落在各县，没有进行资源整合，保护效率低。

8. 传统技艺类

即生活类技艺及艺术类技艺。

存续状况：少数传统手工技艺至今还在沿用，如制茶、腌制等技艺仍是徽州人生活的重要组成部分，制茶技艺甚至在国内和国际都具有相当高的知名度，目前基本实现企业化运作经营。多数传统技艺的发展呈现出实用性向欣赏性过渡的趋势，如制墨、竹编、髹漆等已逐渐从生活的"主角"变为"配角"，即使是极具特色的制墨、制砚技艺已呈现出上升的发展趋势，但因相关机制的限制，仍难以摆脱"小规模成不了大气候"的生存困境。

现存问题：(1) 有些项目普查力度不够，项目资料不够完善。

(2) 存续情况较好的传统技艺多由企业传承，企业化运作和批量生产使某些传统技艺项目转向机械化制作，难以产生个性化的手工产品。

(3) 某些项目由于原材料基地开发过度，环境污染，难以保证传统技艺的原汁原味。

(4) 一些传统技艺由于推介、传播面窄，民众关注度不高。

9. 传统医药类

存续状况：由于历史原因，传统医药传承人才单薄，大量医药典籍流失散佚,相关中草药培育、医术传承和医药新产品研制困难很多。

现存问题:(1) 普查力度还不够,资料仍需完善。

(2) 展示利用措施中,没有提及项目现在的相关药品、药厂和现今治疗病患信息。

(3) 传播面窄,传播手段缺乏多元化,大众关注度不高。

10. 民俗类

主要是生活类民俗、节日类民俗和仪式类民俗。

存续状况:因为所包括的类型和项目很多,徽州民俗的存续现状比较复杂。整体而言,由于现代社会经济文化的发展,相对于其他类非物质文化遗产来说,民俗类遭受的冲击更大,存续情况也最不乐观。仪式类民俗濒临灭绝,节日类民俗主要以小区域物质交流会的形式存在,民俗内核逐渐失去。生活类民俗情况稍好,大部分仍在沿用。

现存问题:(1) 项目普查力度还不够,资料仍需完善。

(2) 由于民间信仰的缺失,部分仪式类民俗项目只流于表演与展示,无法承载应有的历史文化信息。

(3) 由于现代人生活志趣的演变,一些生活类民俗逐渐流失。

(4) 农耕社会里与农事相关的生产习俗和节庆习俗在现代生活中难以真正复原。

3.2.2 徽州非遗问题

从以上调查结果所呈现出的徽州非物质文化遗产的现状与问题来看,随着国家传统文化复兴、文化产业发展等政策的出台,徽州文化生态保护区的设立,徽州各地非物质文化遗产的保护意识和观念逐渐增强,项目的普查也在深入开展,资料整理日益完善,一些曾经被淡忘的遗产项目也逐步复苏。但在调研中发现非物质文化遗产的生存与发展还存在不少现实性问题。

1. 非物质文化遗产生存问题

受社会环境和社会结构变迁的影响,非物质文化遗产所依存的自然环境和社会环境发生了很大的变化,原本是在农业社会中发生、发展起来的遗产事项已不适合当下环境,例如祭祀类舞蹈,原来敬神祭祀、自娱自乐的功能与当下社会生活不能相互融合;也有一些遗产项目的内容具有时代的局限性,与主流意识形态不兼容,例如目连戏、傩舞之类,亟须挖掘具有当代价值的内容。在受众方面,年轻一代在文化消费方面也不会主动选择此类演出项目,导致遗产事项在现实社会中的生存空间受到严重挤压。部分非遗传承人为追求经济上的富足而离开本土谋生,有些非遗传承人即使未离开本土,也不以自己所拥有的非遗事项作为自己的谋生之道和经济收入的主要来源,很少有时间、精力组织和参加非遗的活动,更有甚之,在重大的岁时节日上表演的非遗事项也无法集聚足够的表演者。

"除了上了年纪的,很少有人会唱徽州小调了。现代人不需要这个了,以前哄小孩会唱,婚丧嫁娶也会唱。最典型的拉纤民歌,以前新安江的纤夫在拉纤的时候会唱,但现在没有拉纤的了,这种小调自然也就没人唱了。我收集了很多拉纤的词。"(D-8)

"现在演目连戏的人都很难凑齐,老一辈的有的身体不行了,有的外出打工了,年轻的又不会。"(D-10)

2. 非物质文化遗产传承危机

随着岁月的流逝和一批老一辈传承人相继离世,而年轻一辈又缺乏学习传统文化和方言的意识,"流动记忆"正面临消失。文化产品的多样化、文化载体的多元化,广大青少年欣赏心理与兴趣的转移,使得真正懂得欣赏传统民间艺术的人越来越少,后继乏人。加之城市化进程的加快,农村大部分劳动力外出务工,追求物质生活的富足,不少传承人都为了生活而奔波,遗产事项(尤其是"记忆"类遗产)不能为其带来相应的收入作为生活保障,一般人也不愿意去学。

年轻人甚至不知道当地有民歌,年轻人对这个(徽州民歌)不感兴趣,但我经常去小学教音乐,是教育局请我去的。(D-8)

难懂、难唱、难学,一般年轻人都不愿意学(目连戏)。(D-10)

我家小孩不愿去学传统手艺,说是现在没人愿意去学,出师慢,赚钱少,现在两个孩子都在外面,一个是在外面上学,一个在外面打工。但我个人感觉非遗还是有发展的,现在国家这么重视。(D-14)

像我这个年龄,小时候经常会看到你说的这些非遗,但现在很少见了,有些村里的人都外出打工了。(D-13)

3. 非物质文化遗产传播问题

一般来看,非物质文化遗产具有在地性特点,其表演与展示受到限制,传播手段较为传统与落伍,传播范围狭窄,当地文化主管部门的推介和外宣力度不够,在政府网站或者新闻报道中宣传不到位;传承人自身的传播能力有限,一般年龄稍长的传承人在使用手机或者电脑方面都不太熟练,年轻一代的传承人在媒介使用方面较好,但仍不能达到主动传播文化的程度,不能有效扩大受众群体,公众的关注度不高。

"我使用手机,但一般只是打电话。发信息我都不会,不过我儿子会用智能手机。"(D-11)

"我会主动关注非遗方面的信息,自己没有时间去写去发。"(D-15)

4. 非物质文化遗产的发展问题

关于徽州非物质文化遗产的发展问题要分类来看,如生活、生产技艺类,对当下生活生产还能发挥作用的遗产事项,特别是具有市场前景的遗产,其存在与发展情况较好,例如制墨、制砚、漆器、炒茶等事项。有些记忆类项目自身生存都很困难,其发展问题自不待言,需要依靠制度去保障。发展问题亦与传承人的观念意识有关,部分传承人具有创新意识,能够很好地将遗产事项与当下发生文化内容结合起来,例如版画、剪纸,除了传统主题以外,还应将现代的题材融入创作,使作品能够与时俱进,符合现代人的审美情趣。

"我去年在敦煌那边待了半年,主要是采风、思考,我想把有关佛形象的内容嵌进去(砚雕),你看我这块砚,就是去年从那边回来创作的。在那边的时候,我看到一尊佛像,联系到我的砚石,就开始构思了,回来后立刻就开始着手去做。"(D-9)

"我买这个版画,是因为它的主题不像其他的那么传统,它很活泼。"(D-19)

3.3 数字化对非物质文化遗产"接合"

徽州文化生态保护区作为中国第二个文化生态保护实验区,也是第一个跨省市文化生态保护实验区,文化种类多样,物质、非物质文化形态共存,"人-地-文化"关系相对良好,与其他文化区相比具有典型性,可以说研究此区域的非物质文化遗产,具有一定的样本意义。通过近3年的实地考察对比,该区域的非物质文化遗产样貌和势态,总体上能代表当下中国非物质文化遗产的生存状况。故本书以徽州非物质文化遗产作为研究样本,管窥中国非物质文化遗产的数字化生存与发展。

通过对徽州非物质文化遗产的田野考察可以看出,非物质文化遗产存在生态与生存危机、传播与发展问题。如何有效转化当下非遗生存之危机以及如何解决非遗传播与发展的问题,值得深思与研究。非物质文化遗产的生态在不同程度上被"现代性"所侵蚀,赖以生存的物理空间日益遭到压缩。遗产的核心依附——随着主体"人"的离世而"艺息",或传承人群日益稀少,无人愿意从事非遗事项的传承与传播。"皮之不存,毛将焉附"? 在绪论和第2章中已经言明,数字化是当下社会的一种生存状态,也是一种媒介环境。从非物质文化遗产在当代社会中的存续状况来看,它已不得不与数字技术发生关系。目前无论国际组织、各国政府,还是社会组织、文化或科技企业,抑或公民个人,都已经或正在使用数字技术延续非物质文化遗产的生命周期,或打造非物质文化遗产新的生存与发展空间。文化遗产的数字转化,希冀在新的文化生态(数字环境)中,永久性地保存和最大限度存续文化。随着数字技术革命性地深入社会各个角落,数字化生存(包括以"文化资源"为内容的数字化生存)成为人们思考的重要命题,如何利用数字技术对非物质文化遗产进行保护与转化,通过新的方法与手段对它们加以重新阐释,使之在数字环境中能够更好生存?非物质文化遗产数字化为文化、教育、产业的发展赋予新的内容,使之与当下社会生活关联起来,实现文化的永续发展。本书的主旨是从数字化的视角来阐述非物质文化遗产的生存与发展——数字化对非物质文化遗产生存与发展能够有效"接合"[①]。

随着科技的发展,数字化和网络化成为一种生存状态,无论是物遗,还是非遗,都会受到其影响,比如数字故宫、数字敦煌等,非遗也会慢慢进入数字状态。(D-6)

数字化、网络化对企业的发展影响巨大,能够很便捷地利用数字内容资源来创造新的文化创意产品,而且传播速度、市场推广、营销都是利好的……文化遗产的数字化既是对遗产另外一种形式的保护,也是一种发展路径。(D-24)

数字化与非物质文化遗产的"接合",可从"接合"自身的两层含义来阐释:第一层含义是指"接合"(Articulation)本身的意义——说出来、表达出来。数字技术可以按照一定的逻辑结构将非物质文化遗产事项"说出来""清晰表达出来",也是后面第5章所说的抽象编码问题,按照霍尔的理论——文化意义是由语言包括图文音像等对事项的表征实现的,即意义是被建构的。非物质文化遗产事项本身就是一种文化符号——由言语、动作、表情以及其他事物所组成,而数字技术能够用数字逻辑来表达这样一串文化符号,并使之符合数字空间的运算逻辑。"接合"的第二层含义是指两个不同部分相互连接,这个连接需满足两个条件,一是这两个部分是要素相异的;二是两个部分的连接必须是在一定的条件下进行。数字化与非物质文化遗产的"接合"是指遗产数字内容与其他领域的连接,而这个连接的环扣或者桥接手段就是数字化。随着数字技术的发展,不少国家或公司将数字化技术应用到各类文化遗产之中,成为文化遗产资源保护、传承与产业开发的关键环节。[②] 数字化使得文化存在媒介的转移,由物

[①] "接合"(Articulation)具有双重内涵,第一层含义是指说出来、表达出来;另外一层含义是指两个部分互相连接,不过二者要通过一个特定的环节连接起来,接合就是在某种特定的条件下将两个不同的要素连接成一个统一体。此处借用该词,或许是对术语的误读或"移花接木"。

[②] 秦枫.文化遗产资源符号建构与产业融合:以徽州区域为例[J].云南开放大学学报,2016(2):7-10,32.

质媒介向数字媒介的转移,消解了教育、文化、信息、创意设计、传播等领域边界(即非物质文化遗产在数字环境中的发展问题,后文第 7 章"意义传用"中将有论述)。数字化最终将形成集文化遗产信息挖掘、保护、传承与利用为一体的新局面,之前看似仅具有文化价值的、徘徊在经济领域之外的文化遗产也日益成为经济开发的重要资源,尤其是数字化手段为文化遗产的保护与利用、传承与传播提供了便利和条件。原生的遗产资源以物理状态存在,虽然具有现代价值,但在整合利用方面略显笨拙和吃力[①],但若将之转换为比特状态,则可以重复与混合使用。多媒体之父尼古拉斯·尼葛洛庞帝曾说:"比特会毫不费力地相互混合,而且可以同时或分别被重复使用。"[②]

---

①② 秦枫.文化遗产资源符号建构与产业融合:以徽州区域为例[J].云南开放大学学报,2016(2):7-10,32.

第4章 数字环境:对非物质文化遗产的影响

4.1 移场与错位

4.1.1 移场:物理场-数字场

场源于物理学的概念。该领域认为:物质有"场与实物"两种存在方式,场是其中之一。随着科学的发展,物质不再被看作静止的、不连续的统一体,而被看作连续的场态,场便成为物质的唯一存在方式。可见,现实世界的本质特征就是"场"的特征。从社会领域看,也存在着各式各样的社会场。[①] 但此"场"并非物质场,它是将信息作为核心内容的信息场,该场有多种表现形式,其最基本的就是文化信息场(或称为文化场),它是由自然场演化并派生的。那些基本场与派生场之间、派生场与派生场之间再进行复杂的交合作用,又形成了更多元的次生场,如果社会场是从自然场的复杂作用中派生出来的,那么文化信息场则是从社会场的复杂作用中演化出来的。[②]

法国学者皮埃尔·布迪厄(Pierre Bourdieu)提出的场域理论认为:它是由社会公众按照一定的逻辑关系共同构建起来的,是社会成员参与各类社会活动的主要场所,并将之定义为各种位置之间的客观关系的网络结构。[③] 现实社会中存在各种各样的场域,而且由于社会分化并被区隔为多样化的场域,由此布迪厄将社会分化的过程看作场域的区隔化过程。这种区隔本质上是某个场域摆脱其他场域约束的过程,并在此过程中表现出自身固有的特征。为了阐释场域的区隔化,布迪厄提出了某个给定的社会空间中的两种"生产场域"——"限定性生产场域"与"大规模的生产场域"。"限定性生产场域"是与场域本身的特殊化共同拓展的,而"大规模的生产场域"是社会场域的扩大,外在影响因素不

[①] 潘德冰.社会场论导论[M].武汉:华中师范大学出版社,1992:1.
[②] 程郁儒.民族文化传媒化[M].北京:中国社会科学出版社,2012.
[③] 皮埃尔·布迪厄.关于电视[M].许钧,译.沈阳:辽宁教育出版社,2000:46.

断涌入,社会各种力量不断渗透,该场域边界逐渐变得模糊不清,特殊化程度不高。[①]

此处的"场"主要是指非物质文化遗产所赖以存在和发展的场所或空间,包括物理场所、社会空间以及文化空间。从物理学上来看,非物质文化遗产的"场"是一个实体的物理的空间,非物质文化遗产在现实存在中必须依赖实体,非物质文化遗产是在一定的地理区域及特定的生产方式中孕育发生的,物理场是非物质文化遗产的原生场域(基本场域),也可称为"限定性场域"。随着非物质文化遗产生存的社会环境与社会结构的变迁,原生场域逐渐被压缩,非物质文化遗产面临生存危机,在社会因素(包括媒介)影响和制度安排的主导下,在基本场域中逐渐派生出"次生场域",次生场域承接了非物质文化遗产的生存与发展。政府在保护和利用非物质文化遗产的前提下,在官方话语体系下,开办了多种非遗传习班、传习所、传习基地,以及将非遗的培训学习纳入了地方教育体系之中,从而实现了非物质文化遗产的"移场",借用布迪厄的场域观点,可以将之称为"扩大化的场域"——由个体传承场域、社区传承场域转移到社会化的场域。这种移场终究还是在"限定性场域"中,即非遗的生存、保护与传承还限定在一定的文化场域之中。随着数字技术的介入,非物质文化遗产面临着更大规模的移场。媒介环境学派代表性人物波兹曼认为,媒介对整个社会文化的塑造具有决定性和关键性的作用,他指出,"一种新媒介可能会改变整个社会的话语结构"[②],在他看来,文化是以媒介为基础的"会话",文化遗产则也是以媒介为基础进行传播的。在数字传播的过程中,不仅专注于对文化遗产器物层面的信息呈现,更是利用数字技术的手段和方法给予阐释文化符号和意涵。数字技术加快了非物质文化遗产的传播速度。以往的传播是以原子为基础的物理空间,它们的流通速度受到时空的物理因素限制。而当遗产被数字化为比特之后,可以放到数字媒介之中进行传播,其影响范围也就从过去的局部地域变成了全球网民[③],并几乎没有时间差地抵达目的地。这样的过程就完成了另外一种"移场"——由原生物理场、次生社会场转移至数字文化场。如上文所述,无论是原生场、次生场还是数字场,均由自然场派生出来,而且各个场域之间存在着各种复杂的关系。

现在主要是传承场地问题,有的是在学校里,有的是在传承人家里,有的是

---

① 程郁儒. 民族文化传媒化[M]. 北京:中国社会科学出版社,2012.

② 秦枫,徐军君. 突围与重塑:数字媒介环境与传统文化传播[J]. 内蒙古农业大学学报(社会科学版),2015(2):115-119.

③ 秦枫. 基于数字科技的文化创意产品创新发展研究[J]. 文化产业研究,2015(2):234-246.

在传承人生活的村里,还有就是政府所批准的传承班、传习基地、传习所,这些场所大都不是非遗的原生场地了,缺少了一种情境。比如民歌,以前都是民众不知不觉地从长辈或同辈那里学到,而且都是有一定生活情境的,老人哄小孩的时候,婚丧嫁娶的时候等,现在学民歌,可能都是在特定的或指定的场所里。(D-4)

我看学界有学者提出数字传承人,这是一个新的现象,利用网络、影像接触和学习相关非遗项目,随着技术的发展,这是一种新的传承场。但对于"数字传承人"这个概念,我个人不太认同,这个学者所说的数字传承人,有点宽泛,有点等同于数字受众的概念。(D-6)

4.1.2 错位:时空-主体错乱

数字技术促成的"场域"转移,必然带来非物质文化遗产的各种错位。首先是空间错位,数字技术将非物质文化遗产的在地情境化,转移到数字媒介中,在地性文化知识脱离了日常情境,使之成为"抛弃现实世界"的虚拟化。从物质真实到数字建构,文化事项转化为符号语言,成为新空间的文化景观和虚拟物。将非物质文化遗产事项从互动的地方文化语境中"移出",数字符号对遗产事项的空间性和地方性进行了"消解"并在数字空间范围内进行重组,并形成了新的文化意义空间。其次是时间错位,非物质文化遗产是在地化、及时性的表演和制作事项。经过数字化的编码与处理,使之具备了时间性的偏向,在线性和异步性传播与展示成为了可能,作为异文化的"他者"可以在任意时间内进行观赏与学习。在错位的时空内,非物质文化遗产会随着数字传播的范围空间进行"再地方化""再表述",遗产的地方性和文化性在新的语境中被重新解释或认识。数字媒介为文化遗产提供了不同方式的传播与穿越,这些在数字空间的文化想象消融了非物质文化遗产的历史性、文化性与主体性,打破了遗产事项自身的固定性和限定性。同时,随着时空的错位,也带来了文化心理认知的错位。不同时空的人在接触数字化遗产时,必然会产生对遗产的想象,以及扩散到对遗产主体的认知,这种"超真实性"的数字遗产成为了"他者"认知、了解、想象遗产主体的符号,可能会产生真实的遗产及主体与数字遗产的认知错位。正如布迪厄提出的场域理论所说,场域里活动的行动者是有知觉、有意识、有精神属性的人,每个场域都有属于自己的"性情倾向系统",即文化。每种文化只能在场域中存在,并且每种文化和产生它的场域是对应的关系。此场域的文化和彼场域的文化之间存在着"不吻合"现象。把此场域形成的文化简单地"移植"到彼场域中去可能会造成不合拍的现象。在对非物质文化遗产的数字传播与展示的过程中,不同文化主体在接触异文化时会存在心理排斥性与误解性。

4.2 转译与赋权

4.2.1 转译：以今译古

数字技术的介入,给非物质文化遗产提供了另一种表达工具和传播介质。对非物质文化遗产的表达和传播,首先要按照数字媒介的话语体系去编码,即转译。非物质文化遗产的转译就是文化信息生产过程,无论是非遗活动、非遗器物、非遗传承人,都可以经过数字技术进行文化信息提取、抽象与编码,将之进行信息化加工和传播,且只有将非遗进行数字信息的转译才能使之符合数字媒介载体或信道的传播。非遗项目的数字化转译,包括文化语言体系的转译、文化形式的转译、文化内容的转译、文化系统框架的转译。

首先是文化语言的转译,是以新的数字语言和表征符号去表达非物质文化遗产。上文提及的数字媒介的文化表达与传播是在脱域化的时空中去理解和阐释非物质文化遗产,但这个过程是相对困难的,当丰富的现实世界被归纳到一种语言表征系统中,其丰富而感性的知识被线性化了。语言的转译涉及多次不同的语言体系,将非物质文化遗产的民间叙事语言(生活语言——传承人表达)转译为学术语言(学术表达),最后转译为数字语言(技术表达)。其次是文化形式的转译,每一种文化都有自己特定的语言形式和文化形式,例如舞蹈、民歌等,数字媒介要根据不同的文化事项进行解构,对所有的构件要用新的媒介形式进行重组,以达到媒介形式符合文化真实。再次是关于文化内容的转译,文化内容是非物质文化遗产的核心,不同的文化内容需要进行不同的转译路径——非遗的活态、具象经过数字技术(录音、录像、三维建模扫描、动作捕捉等关键环节),转换为文本内容、声音内容、音频视频内容等。其中对文化事项的隐性化知识转译是最困难的,隐性知识不容易被高效地编码,不能用清晰的语言阐释清楚,但并不代表隐性知识无法有效编码,运用适当的技术便可以使之得以表征,从而有助于文化内容的转译。最后是文化系统框架的转译,以一种数字化知识框架转换非物质文化遗产系统。人们是以自己的方式接近文化场所并解读其意义的,他们利用不同的信号与符号来建构属于自己的意义。因此公众理解文化遗产的能力各不相同,信息能否如文化遗产本身所期望的方式或程度被理解和接收,并不存在任何保证。转译不仅是非物质文化遗产事项的转移,更重要的是文化范式的转移——营造数字遗产环境,培育数字化的遗产传承和消费,将文化遗产纳入到现代体系,在新的数字环境中去传承、理解和利用遗产。

怎样真实记录非遗,我们跟省图书馆合作,我们策划,由他们去摄制,在这个过程中,就涉及怎样准确表达问题,把现实的事项通过镜头语言、计算机语言呈现出来,这是一个很复杂的工程。(D-1)

我们在指导传承人拍摄和记录时,告诉工作人员一定不要摆拍,生活情境是怎样的,就怎样记录,因为非遗的生存环境就是如此,至少当前是这样的。(D-2)

4.2.2 赋权:自我增能

"赋权"最早源于20世纪中期的美国。基于对歧视主题的研究,美国学者首次提出了赋权的理念并将之界定为一种专业的社会活动,其目的是帮助被社会歧视的弱势群体对抗不公正待遇,以降低自身的无能和无权感,进而增加该群体的权利和能力。从一般意义理解,赋权是在信息技术进步的作用下,弱势群体积极获得信息资源,拥有更多的话语权力,以提升自己的各种社会能力,进而参与到社会活动之中。[①] 这种赋权,也就是通常所说的技术赋权,在数字媒介环境下,也被称为数字赋权,是指信息技术进步赋予个体、群体生存与发展的一种权利。麦克卢汉的观点认为,通信技术延伸了人的感官(如触觉、视觉、听觉等),各种交通工具延伸了人的双脚。数字技术的出现,不仅大大延伸了人的"手、眼",更延伸了"脑"。相对于其他技术手段,数字化最大的优势在于可以海量储存、高速传播,用虚拟符号展示丰富的实物,并且改变了人的认知、生活、生产模式。在一定程度上,数字赋权的效能要高于技术赋权,或者说它更像是一种文化赋权和传播赋权。当人们在使用数字媒介技术时,感受着参与传播过程所带来的效能感的提升,并在该过程中形成新的文化认同。因而数字技术有机会融入到赋权理论所提倡的"参与式传播"过程。该种传播模式的目标是共享社会资源的分配和改善社会权力的分布。[②] 数字媒介技术的普及在某种程度上弥补了技术鸿沟,文化个体或群体都可以在这个空间进行创意、创作和表达。一些游离于主流视线之外的文化越来越多地被社会所关注,例如非物质文化遗产。

对于非物质文化遗产,数字赋权主要表现在以下几个方面:一是提高非物质文化遗产的传播力。原生在社会环境中的非物质文化遗产传播范围较小,受

---

① 刘丹,黄基秉.网络化时代的技术赋权[J].新闻界,2016(4):57-65.

② Rappaport J. Empowerment meets narrative: listening to stories and creating settings[J]. Americans Journal of Community Psychology, 1995,23(5):795-807.

众群体少,文化传播受制于传统媒介的选择性。数字媒介的技术赋权,使传承人或在地民众拥有发声与传播的技术,这是实现文化话语权最基本的保障——使得非物质文化遗产在数字空间内相对自由地表达和传递。同时,传承人或在地民众可以运用数字媒介主动呈现自己,展现自己的文化观点,以扩大自身文化的生存空间,让外界正确了解在地的特色文化。二是数字媒介赋予传承人以发展力。目前非物质文化遗产的经济价值并未凸显,其文化价值也仅局限在特定的区域,不少非遗项目传承动力不足,关键是未能给传承人群带来经济上的满足,仅靠制度上的补贴不足以促进非遗的有效传承。数字媒介可为非遗传承人群带来发展的推动力,增强传承人群在互联网中的活跃程度,传播特色文化,提升自我效能感。当下互联网兴起的网络众筹,也为部分非遗找到了经济利益的增长点。2016年淘宝众筹联手文化部非遗司展开阿里年货节非遗合作,汇聚了百余家中华老字号,还推出了多场保护非物质文化遗产的众筹活动。通过众筹模式,不少非遗项目被网民所了解。有的项目仅上线半天就超过了筹款目标的150%[①]。2019年4月抖音短视频平台发起了"非遗合伙人"计划,该计划将通过加强流量扶持、提高变现能力、打造非遗开放平台及开展城市合作等方式,以期全方位助力非遗传播。三是赋予非遗所在区域的影响力。互联网、移动媒体的兴起,对非物质文化遗产的数字传播不仅是对文化事项的宣传,更是一种对非遗项目所在地的推介,甚至将非遗项目打造成一个区域的文化名片,形成文化品牌,提升了区域的美名度、知名度,在文化经济方面增强了地方发展动力。

自从有的游客在网上发了我们这里的图片及旅游心得,介绍我们这里的生活情景后,不少人就慕名而来,后来我们自己也通过微信转发一些或者拍摄我们自己的生活场景的图片或者小视频发布,收到了很好的效果。(D-16)

我们来到这里旅游,在路边买一些小吃或小玩意儿,摊主告诉我们直接可以扫二维码,其实他们的年龄很大了,没想到他们也很潮。不过他们坦言,都是家里的儿子媳妇、女儿女婿帮他们搞的微信、支付宝二维码。(D-20)

在网上看到有些村干部或者乡镇干部主动为自己的区域代言,在网络、微信上发一些照片和视频,介绍当地的历史文化、旅游景点、特色产品等。现在科技是个很好的东西,传播很快、范围很广,能很快提高一个不起眼的小村庄或乡镇的知名度。(D-23)

---

① 非遗老手艺淘宝众筹上线焕发新生机[EB/OL].[2016-01-16]. http://news.ifeng.com/a/20160116/47093036_0.shtml.

4.3 改变与忽视

4.3.1 改变:整体性变革

"技术变革不是数量上增减损益的变革,而是整体的生态变革","一种新技术不是某种程度上的增减损益,而是改变了一切",数字技术的介入改变并影响了非遗的"整体性生态",包括对非遗的认知方式、表现方式、表达方式、传承方式,甚至遗产事项本身的呈现方式。数字媒介带来的解构性、自由性、创造性,已然成为非物质文化遗产生存与发展不可忽视的特征。① 数字媒介首先改变了非物质文化遗产的叙事表达模式,在传统环境下,非物质文化遗产的叙事具有典型的时间结构,某项非物质文化遗产事项的叙述从开始到结束的全过程贯穿着线性时间的结构。而在数字环境中,非物质文化遗产的表达具备了非线性和超链接性,可以根据受众的兴趣点和目的性对非遗事项进行有选择性的读取,不必按照时间顺序走下去。其次数字媒介技术和终端设备改变了受众对非物质文化遗产的认知模式。"不仅改变了社会,而且把线性化、区隔化、一元化的社会形态送进了历史,并营造了多元共存、纷杂并存、时空同步、远距互动的新型社会,同时调动了人的所有感官去立体化感知周围世界,催生出一种直觉把握的、系统的认知方式。"②受众的认知方式从线性思维为主的习惯模式逐渐向个性化、多元化以及解构性的模式改变。正如麦克卢汉所说:"每一种文化都有它自身的感知与认知模式。"③最后,数字媒介技术改变了非物质文化遗产的生存、生产及传承场域,正如上文所述,数字技术导致了非遗的移场,从物理场到比特场,从原生场到次生场的改变。同时,数字媒介将非遗事项移场到网络空间,导致文化象征意义的异化,原本属于在地民众的日常文化,在网络上可能会演变为一种文化奇观。

4.3.2 忽视:选择性记忆

数字媒介作为一种工具或载体,无论从其本身特性(数字技术因素)还是利

---

① 阮艳萍. 媒介即是遗产:数字媒介对文化遗产传承与表述影响初探[J]. 理论月刊,2011(11):149-152.

② 李明伟. 知媒者生存:媒介环境学纵论[M]. 北京:北京大学出版社,2010.

③ 马歇尔·麦克卢汉. 理解媒介:论人的延伸[M]. 北京:商务印书馆,2000:23.

用数字媒介的人（人为因素），对所要表达和传播的内容，都可能会产生"盲视"——忽略相关的信息。非物质文化遗产在数字媒介环境中亦不可避免地造成不同程度的"忽视"。首先是对非物质文化遗产地方感的忽视。作为地方性的非物质文化遗产是由特定人群与特定地方之间的有机互动而形成的，并养成特有的"地方感"（Place Sense），体现了地方生活传统、地方文化记忆、地方历史传说诸多层面，也是维系文化生态的重要力量。在数字媒介中的非物质文化遗产处于一种"脱域化"的状态，使之离开源生地，造成"地方感"的迷失。数字媒介会屏蔽非遗的自然环境与社会环境，筛选与过滤掉大量的信息，从而淡化了非遗的"本土意象"和"文化特色"，但是只有文化"地方感"，才能形成"我"与"他者"的差异。其次忽视了非物质文化遗产的主体性。在数字媒介中，由于受众教育背景和主观态度原因，更多的是关注文化遗产事项的内容及表现形式，而忽视了对遗产传承人或文化现象背后的意义的关注。非物质文化遗产的诸多知识是系统的、缄默的，若仅仅采用声音、视频、3D模型、动作捕捉等数字化表现形式则难以完整反映出错综复杂的文化逻辑关系，例如通过影像或动画的形式可以了解某种非物质文化遗产的形式及内容，但却依然无法获取文化知识的来源、传承演化的历史过程以及它的时间性和地域性特征等内容。[①] 最后，忽视非物质文化遗产的周边信息，数字媒介具有选择性，选择所谓非物质文化遗产的"关键信息"，而忽视了遗产的相关信息，一项非物质文化遗产是由一系列的周边信息[②]积累组成的，包括物理信息、文化信息、生态信息、相关信息。数字媒介对所选择的信息进行放大，而忽视其他信息内容，当然在数字媒介中要构建完全客观实在也是不可能的。另外一种忽视，就是数字媒介上所产生的信息呈现熵增态势，在数字媒介上的各种非物质文化信息很容易被淹没，这使得如何能在海量信息中凸显非遗，让受众有效、便捷地接收到相关的非物质文化遗产信息成为难题。

现在就是担心在记录非遗的时候，会把一些看似"可有可无"的细节漏掉，记录者或者说技术人员在处理这样的项目时，因为自己不是文化专家或者说不

[①] 孙传明.民俗舞蹈类非物质文化遗产数字化技术研究[D].武汉：华中师范大学，2013：10.

[②] 物理信息，即非物质文化遗产的最基本信息，包括遗产组成部分、制作工艺、工序、制作原料、规格、存续时间、拥有者、传承人等；文化信息包括非物质文化遗产蕴含的文化价值、能指与所指、符号、历史信息、文化价值、历史背景等；生态信息包括非物质文化遗产所存在与发展的原生自然信息与社会信息、次生自然与社会信息；相关信息是指与该文化遗产相关联的信息——遗产的经济性、遗产的创意性和传承性、利益相关者、文化遗产保护与利用相关的政策法规等信息。

是非遗传承人,很难理解一些细节性的东西,只是把框架、粗线条记录下来,难免会导致非遗在某种程度上的"损伤"。(D-5)

说实话,作为企业有时候在做文化创意产品或服务的时候,仅关注核心文化元素,而忽视一些细节性的东西,有时关注了经济效益,可能会忽略文化产品的文化性和社会性。(D-23)

4.4 再现与传承

4.4.1 再现:数字载体呈现

凡是文化,都面临着一个呈现的问题,即如何表现或再现,如何让人感知。传统文化在过去主要的呈现方式是通过口头、印刷纸张、舞台表演、影像音像等传播给公众,但到了数字化时代,由于新媒介及各种网络应用的开发和发展,呈现方式也不断得到创新。数字化媒介环境里的文化遗产新呈现方式有两个特征:一是数字媒体多方式呈现,这是就载体而言的。[①] 数字媒介时代,非物质文化遗产除了有口头、印刷纸张、舞台、电影、音乐等传统媒介的呈现方式外,还可以通过移动手机、网络、户外广告屏、数字杂志、数字广播、数字电视等来进行传播,这其中尤其重要的数字媒体是互联网。通过这些数字媒介,传统文化以文字、图片、音频、视频及其组合[②][如虚拟现实(VR)、增强现实(AR)、混合现实(MR)]的形式出现,可将非物质文化遗产进行重新组织和编排,公众不必再按部就班地接收信息,而是可以根据自己的需要随心所欲地在文化信息之间跳转。由于这种信息组织方式更加符合人类大脑的特点,将更有助于非物质文化遗产信息呈现效果。[③] 数字媒介具备了使非物质文化遗产再现完整的感官体验的能力。现在普通的多媒体技术就已经能良好地将视觉和听觉结合在一起,虚拟现实技术中所用的三维传感设备也已经能跟踪动作的变化,甚至连嗅觉和味觉的数字化也已经有了成功的案例[④],数字化再现与展示促进了文化的沟通。二是创意呈现,这是就内容和形式而言的。这是一个创意传播的时代,只有符

[①②] 秦枫,徐军君.突围与重塑:数字媒介环境与传统文化传播[J].内蒙古农业大学学报(社会科学版),2015(2):115-119.

[③④] 秦枫.基于数字科技的文化创意产品创新发展研究[J].文化产业研究,2015(2):234-246.

合受众心理,抓住受众眼球的东西才能广为传播。① 数字媒介改变了遗产的文化意义和对遗产表现的诠释路径,增加了全新的展示内容,成了现代社会再生产的"新产品"。数字再现技术的进步通常能够带来前所未有的模仿能力,使得"远距离存在"成为现实,在某种程度上取代了现实世界,呈现的内容可根据输入不同而不断变化。② 虚拟现实运用数字形式建构文化并生产数字创意产品,在线上与线下之间出现了越来越多的共鸣和转换。

现在流行 VR、AR,什么都能进行虚拟化,足不出户,就能感受到一些景点,网上、手机上也有一些关于非遗的 VR 视频,通过新的技术可能更多地感受历史文化,这是好事,也能吸引年轻人关注传统文化。但还是要把握一个度。(D-19)

我们打算把剪纸通过二维码扫描,呈现出 AR 效果,让人们在手机上就能体验剪纸艺术。我自己是做文化企业的,也是传承人,我比较关注最新的技术,我自己的企业跟芜湖方特、合肥万达都在合作。经常看到方特、万达园区里面的一些带有高科技的表演,我也想尝试一下。比如方特里面的梁山伯与祝英台的化蝶就是通过虚拟现实表现出来的。(D-22)

4.4.2 传承:扩大数字受众

数字媒介的新传播特性为传统文化的传承和学习带来了一场学习与传播革命。过去的师徒面授、现场观摩等学习和传播方式略显落伍③,而现在通过数字媒介技术,非物质文化遗产知识可以随时随地在数字媒介上传下载,并通过互联网、移动终端扩散,所有感兴趣的人只要有一台接入设备,便可以任意浏览、学习感兴趣的内容。当然,这也要求在数字媒介环境中,原先掌握传统文化知识和技艺的那一批人要积极主动地参与传统文化的解释和新传播,为数字媒介学习搭建平台。以网络公开课为例,当前各大门户网站如新浪、网易、腾讯、搜狐等,都相继推出了网络公开课供大众学习,在它们所提供的公开课中,就有不少来自世界和国内的精品文化课程,涵盖了文化传播、艺术、古典建筑等学科领域。基于数字媒介的传播特性,有学者甚至提出,在数字化媒介时代还应当

---

①③ 秦枫,徐军君.突围与重塑:数字媒介环境与传统文化传播[J].内蒙古农业大学学报(社会科学版),2015(2):115-119.

② 贝拉·迪克斯.被展示的文化:当代"可参观性"的生产[M].冯悦,译.北京:北京大学出版社,2012:180.

"构建常态化学习与传播传统文化机制"[1],"利用具备互动性、便捷性、可拓展性、可移植性的数字媒体为平台,引导社会公众常态化学习和传播优秀传统文化,是具有可操作性与可行性的"[2]。以上阐述数字媒介拓展了非物质文化遗产的传承渠道和途径。

另外一个层面,数字媒介还扩大了非物质文化遗产的传承人群,根据学者阮艳萍的研究,在数字时代,数字媒介建构的平等化、自由化、多元化的信息平台,为文化遗产多元化传承提供了一个便捷、低廉、低门槛的技术前提。[3] 文化遗产的传承出现了一类新型主体——数字传承人,它是指掌握并运用数字信息技术对非物质文化遗产进行数字化加工、整理、再现、阐释、存贮、共享与传播的主体。全国政协委员冯骥才先生曾在"两会"期间发言:"民间文化的传承人每分钟都在逝去,民间文化每一分钟都在消亡","调查发现,民间文化处于最危险的境遇,表现在两个方面,一是少数民族的传统民间文化,二是传承人呈现后继无人的局面,特别是在少数民族地区的传承人状况更为明显,亟须关注"。除了传承人的逝去,不少民间传承人传承意愿也相对较弱,失去传承的动力。萨林斯曾说过:"文化在我们探索如何去理解、诠释它时随之消失,接着又将会以我们未曾想象过的方式再现出来。"[4]在当下数字化情境中,传承人可以利用自身在数字信息技术方面的优势,促使非物质文化遗产在电视、电脑、手机等数字载体上的传播、传承。[5]在此过程中,非遗从专属性、唯一性、地域性的传统文化变成了可共享的、可再生的、脱域的现代文化,数字传承人可与在地民间传承人进行沟通交流,实现良性互动传承。

4.5 传播与认同

4.5.1 传播:媒介即传播

传播是一个意义丰富的概念,其中,文化与传播的交织是丰富性的重要来

---

[1] 秦枫,徐军君.突围与重塑:数字媒介环境与传统文化传播[J].内蒙古农业大学学报(社会科学版),2015(2):115-119.

[2] 井雪莹,陈月华.数字媒体时代常态化学习与优秀传统文化的传播[J].艺术教育,2012(9):117.

[3][5] 阮艳萍.数字传承人:一类遗产表述与生产的新型主体[J].西南民族大学学报,2011(2):50-54.

[4] 马歇尔·萨林斯.甜蜜的悲哀[M].王铭铭,等译.北京:三联书店,2002:141.

源。正如吴予敏教授分析"文化"与"传播"具有内在的统一性。[①] 传播学家施拉姆曾引用人类学家萨皮尔的话说:"每一种文化形式和社会行为都或清晰或模糊地涉及传播",即把传播与文化放在了同一个框架中,他还明确提出"传播是社会得以形成的有效工具"[②]。拉斯韦尔在其论文《传播在社会中的结构和功能》中对传播的功能所做出的归纳,一直被公认为传播学界的经典论述,其中之一就是"传递遗产"。在全球化、数字化时代,为实现传统文化与现代社会的良性互动,"时空并置、纵横交合"的传播观不知不觉地影响到了遗产的传承观:遗产除了在遗产所属地的跨时间代际传承之外,亦可实现遗产横向跨空间跨地域传播[③],这种文化的传承指向是文化遗产跨越时间和空间在任何时空范围内的多元化传播。从传统视角看,非物质文化遗产一般是在地性(不脱离原生性的自然、社会环境)、即时性(遗产的表演展示与传播同步)传播,它作为一种活态的文化样本而存在。虽然电视、电影、广播等媒介可以进行异地化传输,但不具有数字媒介的互动性、在线性,传播范围、速度和广度受到客观条件的限制。数字媒介环境中,非物质文化遗产的传播必然具有数字化的传播特征。数字媒介的传播方式,最大的优势在于跨越时空,既可以异地在线传播,也可以异步传播。从传播流向来看,数字化媒介普及之前,口语传播、文字传播、印刷传播乃至电子传播,大多为点对点或点对面的单向传播模式,受众处于被动接受状态;而数字媒介的普及,使得受众由相对被动的消费者与接收者转换成更加主动的使用者、选择者和产消者(Prosumer),能够积极利用数字媒介进行内容生产和传播实践。从传播的过程来看,数字媒介的传播过程不仅是从生产者到消费者的线性、单向的过程,传播的"扩散观、传递观"也进一步演化为传播的"互动观"。[④] 一方面,数字媒介创造了新的概念系统、新的社会互动与语言表达体系,打破了传播的时空规定性,开启了更为互动的传播范式;另一方面,传播内容与传播过程均是在特定的社会文化情境中发生的,公众有权选择如何生产、创造、理解和应用。[⑤]作为非物质文化遗产事项,通过全景扫描或3D摄像,将民间文化记忆或传统手工艺制作全过程通过数字化编码,构建非遗数据库,并进行分类加工、整理,通过媒介融合,生成多元化文化产品形式,以实现动

---

① 吴予敏.无形的网络:从传播学角度看中国的传统文化[M].北京:国际文化出版公司,1988:206.
② 施拉姆.传播学概论[M].陈亮,等译.北京:新华出版社,1984.
③ 阮艳萍.文化遗产传承中的数字受众[J].武汉理工大学学报,2012(4):584-591.
④⑤ 韦路,丁方舟.论新媒体时代的传播转型研究[J].浙江大学学报,2013(5):13-18.

态传播。① 同时,遗产传播是一个增值过程,在数字媒介作用下,遗产的传播价值和效用更大,文化如同知识,越是分享,其价值和效用越大。在此对文化遗产传播价值的增值作一个程式化描述,即

$$V=(CH+P)^c$$

遗产传播价值在于遗产信息与知识在公众之间的分享与传递,包括横向传播扩散和纵向传承与传递。在式中,"V"表示 Value,是指文化遗产经过共享、传递、传播,加之接受者自身的理解和加工,所产生的社会价值、审美价值、科学价值、经济价值等;"CH"表示 Culture Heritage,是指某种文化遗产的所有信息点,如上文所述的文化遗产的传播内容;"+"表示 Digital Media,是指以数字传播载体;"P"表示 Person,指掌握某种文化遗产知识或信息的所有人或组织,包括专家、政府、公益组织、传承人、利益相关者等;"C"表示 Communication,即遗产信息内容在不同主体之间的有效传播。遗产的数字媒介传播是以网络为基础的,即程式中的"C"(传播与共享)符合梅特卡夫原则②,遗产传播主体愈多则遗产价值就愈大。传播范围越广、受众越多,其效果和效应就越大,促使社会力量参与到遗产保护与发展中来,使得公众能够更加广泛、深刻地认识遗产,培养自觉的遗产保护意识,合理利用遗产,给予公众文化熏陶和文化体验,提高社会公众的遗产素养,从而使得遗产得到更好的保护和传承。

4.5.2 认同:认识"我"

认同(Identity)通常被译为身份或同一性,以表达"我"或"我们"是谁——个体或群体的归属。认同从本质上来看,是对文化意义的认同,这种文化意义又可以被看作"集体记忆"。认同是社会建构的产物,一个人要在与他人的交往中构建个体的认同,就必须和这些人共同生活在集体想象的"文化意义体系"中。如何将这种文化意义或者"集体记忆"循环或再生产,使之得以被传递和认同?在传统环境中,身体被视为文化记忆的载体和媒介,作为身体语言和头脑记忆,把文化形态形成某种习惯使回忆变得稳固,并且通过强烈情感的力量使记忆得到加强。非物质文化遗产正是通过口传身授的方式进行传递与传承的,作为一种文化记忆,是当代人得以产生认同的"文化意义体系"。"没有记忆可以裹上樟脑,免受蠹虫的侵害。"③就目前的文化生态而言,非物质文化遗产的循

---

① 常凌翀.互联网时代西藏非物质文化遗产的数字化传播路径[J].中央民族大学学报,2014(3):167-171.
② 周荣庭.运营数字媒体[M].北京:科学出版社,2012:65.
③ 阿莱达·阿斯曼.回忆空间:文化记忆的形式和变迁[M].北京:北京大学出版社,2016:8.

环、传递以及再生产必须借助外力——介质载体,随着这些媒介不断变化,记忆的形态也不可避免地随之发生变化——口传、书籍、电子、数字,每种媒介都会打开一个通向文化记忆的特有的通道。当下管理和传递非物质文化遗产的,不再仅是族长、家长或遗产传承人,而是可以借助的时代载体——数字媒介等。

通过数字媒介,对非物质文化遗产产生的认同,表现为以下几个类型:第一,代际认同。通过不同的数字载体从不同角度多维阐述某项非物质文化遗产,在这种不断重复展现中,自然起到文化记忆的涵化作用,在该文化熏陶下的本土的年轻一代,于不自觉中习得、确认和传承了地方文化,进而形成了文化自信和认同。第二,异地"我者"认同。本土民众在身体上进行了迁徙,在离开本土文化的异域环境中生活与发展,在数字媒介上接收和认同"根文化",在数字空间中形成一种文化归属感,进而产生文化意义上的"再地方化"。第三,扩大他者认同。"社会文化的差异与相似,最有力的解释是传播。"[1]数字媒介可以促成深刻的文化身份认同,因为它以有效的、有用的和娱乐性的方式,使他人乐于接受。数字媒介扩大了非物质文化遗产的传播广度和深度,促使各个地方民众得以交流与沟通,消除文化误解,降低文化理解折扣,达到"美人之美"的和谐状态,以扩大本土文化的他者认同。

我们黄山这边有个"故园徽州"网站,主要就是传播徽州文化,现在网络能够更好更快地传播信息,也是各地徽州人的心灵家园,能够在虚拟社区提供一种文化认同。通过线上线下互动,既可以是同城的,也可以是跨区域的,达到很好的效果。(D-3)

我是从婺源来这里玩的,以前都是徽州人,这两年在网上看到很多关于恢复徽州的报道,确实要统一起来,本来就是同宗同源,其实我家祖上也是从歙县这边迁过去的。(D-21)

---

[1] 马文·哈里斯.文化人类学[M].李培芙,等译.北京:东方出版社,1988:12.

第 5 章 抽象编码：非物质文化遗产数字化生存

5.1 数字意愿

所有的文化活动，都离不开人这一主体。非物质文化遗产数字化同样也是，非遗本身就是以人为主体的文化事项，其数字化更需要人的介入与操作。首先是数字化意愿问题，即非遗相关的主体对非遗数字化的态度问题和观念问题。本节移借利益相关者理论来进行阐述。利益相关者理论原意是指组织内外部环境中受组织决策和行动影响的任何相关者——内部员工、管理者，外部的利益集团、消费者等，均是组织利益相关者。关于非物质文化遗产的利益相关者，主要有以下几类群体：首先就是非遗传承人及其家族成员，他们是非遗的核心利益相关者，没有这一群体的存在非遗则失去赖以生存的"活的载体"。其次是公众，包括两个层面：一是非遗所在地的社区民众，可以说他们是非遗文化生态的重要组成部分；二是一般公众，即非遗的消费群体，如游客、网友等。第三个利益群体是政府及文化主管部门，他们是非遗的管理者、名义拥有者、文化保护责任主体、文化经济推动者等，具有多重角色和身份。第四个是市场主体——以非遗为生产、服务要素的文化企业，他们以经济利益为导向对非遗进行生产、服务和传播。最后是研究学者，以非遗为研究对象，从学理层面传播非遗，是非遗保护的积极倡导者和践行者。

笔者在调研中对以上几类群体进行了有针对性的访谈。就非物质文化遗产的保护与发展主题，重点放在非遗数字化方面。在访谈中，最为困难的是解释非遗数字化，笔者从生活案例引导，用通俗的语言描述了什么是数字化，以确保访谈的顺利进行。各个非遗相关主体对非遗的保护现状、非遗的发展利用和数字化提出了自己的看法及诉求。

5.1.1 传承人的声音

从调研中发现，非遗传承人都很珍视自己所拥有的文化项目，也都十分迫切希望它们能够得到很好的保护与传承。但他们也都表示现在的社会环境和社会结构变迁导致非遗的传承和传播受到一定的障碍。特别是记忆型的非遗和部分市场效益不好的技艺型非遗，传承方面都存在一定的问题。传承人对此也深表无奈，但对于数字化都比较接受，甚至有传承人自己已经进行了数字影像记录。他们对非遗数字化的态度很简单——就是为了保存这样一个文化事项，最好是能被传承下去。下面是部分访谈实录。

现如今很少有人关注民歌了……就像你说的，没有这样的社会环境了，以前婚丧嫁娶、拉纤、老人哄孩子都会唱民歌……我会把这些民歌整理出来……我家还有一个祖辈传下来的乐器图，我也打算把这个乐器复制出来……那我要把它扫描保存，上次家里不小心差点把它烧了，你看这还有烧的痕迹……

我的儿子现在县里工作，也不会学这个了。

我有两个徒弟，一个是县里剧团的，她的悟性很好，学得很快。还有一个就是兴趣爱好，学得也不错。不过我每周都会去当地小学教他们小学生唱民歌，这个是教育局在学校开设的音乐课中的一部分。(D-8)

我的儿子和女儿都不从事竹编，他们都有很好的工作，他们也不愿意让我去做这个事情了，说我的年龄大了，竹编也太累。所以我从前年就没有做这个事情了，不过如果有单位请我去做，我也会去做的。……关于竹编制作过程的录像，我前几年就录了，当时是为了评选。以后也可以作为回忆，没事可以拿出来看一看，也可以给我的孙女看我当年的竹编。我打开DVD你们看一下，我就这一个DVD光盘了，明天我去再复制一下，回头给你们邮寄过去。(D-11)

从访谈记录看，该传承人对民歌的式微极为痛心，受众数量逐渐减少，该传承人希望用数字化的手段保存自己的乐谱和乐器图；他也同意我们调研团队把录制的民歌上传到网上，让更多的公众认知徽州民歌。因各种原因笔者没有将之上传，仅仅写了一篇报道稿放在文化类网站上。

我以后会利用数字化的手段记录我的整个漆器生产过程，现在的工艺算是比较高了，万一以后失传了，就目前状况不会失传，哈哈，万一，还有影像作为参照……在制作的关键环节我会着重记录与保存。……正如你问的，我的个人技巧方面很难记录，这个是我个人的风格，很难模仿，每个人的感觉不一样。(D-7)

作为技艺型非遗，市场效益很好，传承人本身的技艺也很高超，他不担心非遗的失传。而且他对数字记录很积极和认同，在个人技艺风格方面，他认为很难记录，这也是本书所涉及的数字编码与文化抽象的问题。

从以上的访谈材料中可以看出，传承人很希望用数字记录的手段去复原他们的集体记忆和故事，在主流文化和商业文化的侵蚀下，某些非遗项目会逐渐淡出社会的集体记忆。现代数字媒介作为一种价值工具,可以为后代详细记录他们的文化记忆,也可为其他社区民众提供一种文化交流。数字工具提供了一个文化复兴的话语空间,让非遗项目在其中得以保留,为多样性文化保留了基因。

5.1.2 公众的意见

公众对非遗来说至关重要,非遗是否能够存在或发展,关键看是否有受众。当下非遗的生存状况堪忧,不仅仅是因为非遗自身的原因,更重要的是失去了受众。如果没有受众,无论非遗是以什么形态存在,都不会产生价值和发挥作用。

支持者访谈内容:

我个人比较支持文化遗产的数字化,数字化以后能够更好地传播与展示,我们这一代可以便捷地通过互联网或手机来获取更多的传统文化信息,不用走出家门就可以感受异地的文化,既节省了成本,又节约了时间。(D-18)

对于文化遗产数字化,我虽然不是很了解,但我相信数字化能够更好地保护遗产,至少能够保存起来,不会遗失,即使哪一天文化遗产没有了,还保留了一种念想。(D-17)

数字化很好呀,这样我们这里发生的事情就能让更多人知道了,也能对外面传播我们这里的文化,然后就会有更多的人到我们这里旅游了。(D-16)

反对者访谈内容:

我反对数字化,因为我就是南屏村人,如果都数字化了,在电视、网络上都能看到我们的生活场景,在手机上就能看到我们在祠堂怎么祭祀,就没有人来我们这里旅游了,我这生意就没法做了。(D-12)

对公众来说,普遍支持非遗数字化,但也有少部分公众反对数字化或持保留意见。从上述的访谈内容来看,公众对非遗数字化的态度主要基于以下几个方面:一是文化保存与展示,公众认为数字化在将来可以更好地保存文化的基因,无论社会环境如何变迁,都能够在数字空间中探寻当时文化的形态,而且数字化可以更好地将非遗展示给世人。二是文化传承与传播,公众认为即使以后非遗事项后继无人,非遗也可以通过数字化在数字空间里传承传递,或者用数字化形式学习非遗。通过数字化,非遗可以在互联网上进行传播,扩大文化认知与认同。三是从文化经济角度,有公众认为数字化以后的文化可以更好地传播本地的事项,进而可以吸引更多的群体去旅游,也有公众认为数字化之后的文化景观可以在异地消费,就不会产生在地经济效益了。

5.1.3 政府的行为

从制度安排来看，政府是文化遗产保护与利用的名义主体，有责任和义务来保护文化的多样性，也有权力和能力将文化遗产保护得很好。在国际文化保护的公约中，国家（政府）是责任主体，其作为权力和行政主体，拥有文化话语权、资源分配权、行动指挥权和政策供给权等。同时政府也是一个理性主体，一方面为了文化软实力，必须掌握主流文化话语权，从这个角度，政府会不遗余力地保护文化遗产，以确认国家身份的主体意识和文化合法性；另一方面政府也是趋利的主体，按照马克思的生产力与生产关系的关系——经济基础决定上层建筑，仅有文化软实力不足以获得各种权力，还需要经济等层面的强盛。当经济与文化存在冲突时，可能会使得文化让位，以确保经济的发展。在对待非物质文化遗产数字化时也可能这样。调研期间笔者对徽州地区市、县非遗主管部门进行了访谈，下面将其中三个文化主管部门的部分访谈内容列出：

——您好，请您谈谈近几年你们县非遗保护情况。

文化馆：……近些年国家对非遗的保护力度投入都很大，我们这些非遗主管部门明显感觉到比以前的工作好开展了，一些非遗传承人的积极性也很高，积极申报各级传出项目，对他们来说既有名，也有利。有了传承人的称号，每年国家都会有补助……（D-2）

——申报非遗传承人一般会做哪些工作？

文化馆：……对想申报传承人的，我们会帮助他们整理材料，录制申报录像，进行网上宣传等工作……（D-2）

——请您谈谈关于文化资源共享工程的情况。

文化馆：……国家这项工程可以说是很好的，把优秀的文化资源都放在网上供民众学习、观看，县里也在积极推动这个事情……但是共享存在问题……（D-2）

——您能谈谈关于非遗数字化层面的认知吗？

文化馆：对于非遗数字化，其实我们也在做，比如用数码相机帮助传承人录制项目录像（这个也算吧？），把非遗资料整理成电子版，每年都会报送资料到市里和省中心。……如果每个项目都去很细致地做数字化，就有些问题，比如说这些经费怎么保障，每年关于非遗保护的经费是一定的，也都捉襟见肘，更何况数字化的经费了。但一般的数字化应该没问题，还有就是我们做了这些数字化的资料怎么去用的问题。就比如那个共享工程吧，共享其实是存在问题的，有些非遗涉及个人利益，怎么共享？可能共享后，到头来还有麻烦。但我觉得数字化会对非遗的保护有好处，至少可以弥补现实保护的不足，数字化可以存档，

比一堆纸质材料要省事。(D-2)

其实关于数字化,我不是太懂,就从我个人的感觉上谈一下。如果对非遗进行数字化,首先要有这样的专业人员,是专职还是兼职还是外包给公司去做;其次如果做这个工作,预算开支要提高,但我们的预算一年就那么多,很难保证工作的正常运行;最后,数字化以后做什么,如果仅仅是保存在电脑里,我觉得是一种浪费,花费这么多精力去做,不发挥后续作用,可能得不偿失。(D-3)

作为徽州文化生态保护区的核心区,在安徽省也属于非遗相对集中的市,我们建立数据库,是想实现对非遗数据的规模化存储及对非遗项目、传承人、生态保护区的监测评价。我们主要通过图文音像等数字化方式,对非物质文化遗产进行真实、系统和全面的记录,建立统一、规范、共享的管理机制。(D-3)

数据库既有利于专家、学者、工作人员更好地保护、利用非物质文化遗产信息,又利于公众学习、传承,从而使非物质文化遗产保存和保护、传承和传播。在当今信息化环境下更好地保护、宣传和开发是根本目的。发挥数据库的作用关键在于坚持以用户需求为导向,并要保证资源信息的高质量和实用性。但从现实角度来看,目前很难将数据共享。(D-3)

非遗数据共享是一个问题或者障碍,我们这边的非遗数据一般是不会共享的,有些非遗资料是很珍贵的,我们自己也要做科学研究,一个非遗项目可能就能出一个国家级成果,或者论文。不光是咱们省这样(不共享),我们去考察过很多省的非遗数据库,都是这样(不共享)。(D-1)

通过调研发现,非遗的主管部门对待数字化态度比较积极,有的部门甚至建设了非遗数据库。但在非遗信息共享、使用、经费投入与保障等方面存在现实性问题。

5.1.4 市场的心愿

未来的文化不属于文化领域,而是属于经济领域、属于市场、属于符号经济,包括文化遗产也有可能成为某种产业或商业的符号。市场对非遗数字化是欢迎的,因为数字化成果能更便捷地被市场所利用与支配。若将非遗转换为比特状态,则可以重复使用和混合,正如尼葛洛庞帝所说:比特会毫不费力地相互混合,可以同时或分别地被重复使用。

市场层面对非遗数字化的态度十分积极与乐观,原有的非遗记忆或技艺,受到时间、空间、人的限制,不能够大规模地生产、传播,既不能提高产量,也不能提高质量,更不能满足市场的需求,虽然被访的市场主体大部分都承认非遗的原真性和社会性,但在市场中,都是以效益和利益为衡量标准的,所以他们认为非遗数字化能够很好地解决市场供求问题,当然这也忽视了非遗的艺术性和人文性的特点。黄山某公司利用电脑编程进行木雕,从创意稿到雕刻打磨均采用电脑编程操作机器来完成,这就是对木雕技艺的数字化的产业应用。不过也有市场主体不愿意采用数字化、工业化的手段去生产,在调研中,该负责人表示,用数字化手段对工艺进行保存是无可厚非的,但用数字化手段进行规模生产就不能接受了。该负责人本身就是一位非遗传承人,他坚持认为对于非遗手工艺来说,生产、制作的本质就是人工,这样才能体现它的人文价值和劳动价值。现代数字技术将对非物质文化遗产进行包装与设计并将其推向更广阔的空间,在现代"造物"的时代背景下,非遗的原生空间阈限和格局被打破,并以不同的商业身份出现在各种不同的经济场合中。

作为企业,我们非常希望一些非遗项目能够数字化,这样有利于企业的使用,而且不会影响非遗现实生存状况,不会打扰非遗传承人的生活。非遗数字化以后的产权问题需要进行明确的界定,不然在使用过程中会有很多麻烦。(D-24)

我自己是传承人,也有自己的工厂,作为传统手工艺,我觉得没有必要进行数字化、产业化、工业化,只有坚持手工,才能体现劳动价值,当然如果某个环节,不是必须进行人工处理,也可以采用现代科技替代。(D-25)

5.1.5 学者的态度

非遗研究学者在非遗的保护和利用方面一直扮演着倡导者和践行者角色。文化学者积极为传统文化发声,为地方文化(非物质文化遗产)争取话语权。著名学者冯骥才先生一直致力于中国民间文化遗产抢救和普查工作,整理和出版了一批珍贵的图文影像资料。2004年,中国民间文艺家协会主席冯骥才设立了"冯骥才民间文化基金会",其旨在通过"民间自救"的模式,唤起社会公众的文化意识觉醒,调动各种社会力量,抢救与保护濒临消亡的民间文化遗存及其传人,弘扬与发展中华优秀传统文化。2009年,他又建立了中国第一个非遗数据保护中心,收录和保存了田野普查中所获得的数百万字的文本资料、数十万张的图片资料、数千小时的录音资料和上千小时的影视资料。在省内不少徽州文化学者也在积极行动,保护传统文化遗产,省文史馆员方利山研究员就是其中一位代表,建言设立徽州文化生态保护区,发表诸多论文呼吁徽州文化的保护以及徽州复名等。笔者曾多次访谈方利山研究员,并将个人的研究计划与之探讨,他对非物质文化遗产保护的态度是开明的。

我近些年都在呼吁保护徽州文化生态保护区,希望政府部门能够切实保护徽州的文化生态,但我不保守,数字化是好事,能够提供一种新思路来保护非遗。现在信息这么发达,通过网络对非遗进行传播,能够引起更多人对非遗的

关注。(D-4)

非遗数字化是文化保护的一种新思路,但具体由谁来数字化、怎样数字化,以及数字化以后如何利用等问题,需要进行前置性考虑。而且要慎重进行数字化,任何事情都具有双面性,在数字化环境中如何保证非遗有效传播与阐释,而非误解。(D-5)

数字化、网络化将影响整个社会,它是一种趋势,非遗必然也被裹挟其中。但我比较关注非遗数字化以后的利用问题,无论是原生态的非遗,还是数字化以后的非遗,都要有一定的功能性,要能够满足当下社会的需求,文化需求也好,经济需求也罢,总之要能够产生效用。(D-6)

但也有少数保守主义学者,在主观态度上反对非遗的数字化,在他们看来,非遗是一种原真性、原生性的文化事项,就当前非遗所面临的环境来说,保守主义学者已经愤愤不平了,遑论非遗的数字化,这部分学者始终坚持非遗不能离开现实环境而存在。在笔者看来,非物质文化遗产的社会环境是不断发展变化的,当下的非物质文化遗产也与其当初原始的形态不同。文化是不断进化、变异、积累和发展的,应当用发展的观点来看待非物质文化遗产。正如在绪论中所述,当下经济、政治、文化、媒介等背景环境亦在不断变革之中,其中的人、事、物也必然要适应。

从以上几个主体访谈来看,对于非物质文化遗产数字化,利益相关主体采取的是一种乐观、积极且谨慎的态度,每个主体在数字化的具体态度和扮演角色方面是不同的。

5.2 文化抽象

文化抽象,是对非遗的复杂信息的概括、分类、简化,但要确保文化抽象的主体性,谁是抽象的主体,哪些内容可以进行数字化编码与抽象,谁说了算,这是必须考虑的;对于非遗来说,是一个巨大的文化丛,种类繁多、类别多样,既要做到文化抽象,又要保证文化的多样性,而非同一性;对于具体某项非遗来说,要保留核心文化元素和细节,用数字语言简明表达非遗项目,同时又不会产生误解,而且不能打破非遗原有的叙事情节,要按照叙事逻辑对具体非遗事项进行编码。

5.2.1 多样化:"各美其美"

现实世界由许多不同的特色文化构成,每种文化占有明确的地理环境位置,属于某个可以被识别的人群,多样化的文化形态之间"各美其美,美美与共"。遗产通常被看作与现在有着特殊的纽带,所有的遗产都是"某个人、族群"的遗产。非物质文化遗产有它的主体归属——地方、族群等,若放大来看,属于某个国家和民族,必然受到主流文化价值观的影响。数字化涉及编码,如何去描述和定义某项非物质文化遗产,是用主流话语去阐释,还是用地方性、多样性的语言去表达,它涉及文化的个性与身份。一般来说非物质文化遗产是区域性和族群性的知识,按照非遗的发生环境,结合 I-space 信息理论,应属于采邑区和宗族区。但随着工业化和福特制的推进,标准、统一成为现代化社会的价值评判体系。据《世界文化多样性宣言》[①]所述:"文化在不同的时代和不同的地方具有各种不同的表现形式。"所以文化并非具有同一性、统一性,而是具有多样性、地方性。在现实社会中呼吁要保护文化的多样性,同样在数字化过程中要建构一整套与非物质文化遗产原生环境相同的数字环境,亦要与现实非物质文化遗产对应,构建具有多样性、地方性的数字化非物质文化遗产,若在数字化过程中按照具有统一性的主流话语逻辑去编码,则会抹去不同非物质文化遗产的文化个性。即使再邻近的非物质文化遗产之间亦有自身的核心特征,数字化过程要强化不同种属科目的非物质文化遗产的识别特征,要规避用统一的主流话语逻辑去编码。即使现实社会中某种非物质文化遗产消亡了,只要保存了多样化的数字文化形态,也能够强化不同文化的价值和各文化群体的价值,以表达各个族群文化的合法性。

5.2.2 简明化:"少即是多"

非物质文化遗产门类多样,即使具体到某一种非物质文化遗产事项,其本身所包含的信息也丰富繁杂。而非遗的数字化是运用"0、1"两个简单的符号进行编码和表达的,故而必须对非物质文化遗产信息进行简约化处理。所谓简约化,即"少即是多",用最简单、明了的 0、1 数字语言来呈现多元的文化信息,用简单替代复杂。从物理空间上看,非物质文化遗产资源分散存在,首先要在系统思想指导下,按照遗产门类、级别、地域等分类原则,对其进行归纳与整理。其次根据非遗的现实情况,对非遗的原始素材进行选择、提炼、加工、集中、概括等处理,提取每一种非物质文化遗产项目有效的典型性信息,把非物质文化遗产项目的共同本质特点抽象出来,从感性认识上升到理性认识。最后是遵循数字化编程规律,通过个性化和简约化对非物质文化遗产项目信息进行数字化编码,按照文化脉络,将零散的文化知识信息集于文化信息资源数据库中,以保障

---

① 2001 年 11 月 2 日联合国教育、科学及文化组织大会第 31 届会议通过。

文化信息资源的完整性、生态性。非物质文化遗产资源所表达和传递的意义深刻、文化信息复杂,对待资源数字化要慎之又慎,防止为了数字化而简约掉非物质文化遗产的核心信息,进而扭曲非遗自身的文化价值或者失去其本身的文化意涵,从而达不到保护的目的。从信息论的角度来看,简约化并非简单化,也并非单纯的数据化,而是在遵循两种规律(文化事项自身发展规律和数字化编程规律)的前提下,提炼非遗的核心信息进行编码,确保所编码的意义能够有效解码"返译"。

5.2.3 故事化:"故事就是力量"

运用数字叙事方式去记录非遗产生的地理环境、社会背景、文化的生成与演变等,记录下相对原生态的非遗事项。所谓数字化叙事(Digital Storytelling),是指借助于文字、图片、动画、音频、视频等多媒体技术,用说故事的方法来表达、阐释与传播某种遗产事项的文化意义,它是一种新型叙事方式。[①] 非遗文化其中的一个抽象特征就是故事性。在抽象编码过程中用故事的核心要素去表达非遗,没有故事,非遗就失去了依托。如果在数字编码中仅仅记录非遗的各类数据,则会导致非遗的支离破碎,而无法有效系统地传达某项非遗的文化意涵和历史记忆。这里提出用故事来进行数字化抽象编码,主要基于四个方面的考量,一是非物质文化遗产是历史的产物,是社会活动的产物,都有其发生的根源和发展的过程,在形成过程中,无论是非物质文化遗产事项本身,还是相关的主体,都有说不完的故事,而且有些非遗本身就是民间故事、神话传说等。故事与非物质文化遗产有天然的契合性。二是故事性抽象编码使非遗在数字化环境中能进行简单明了的表达与传播,故事化编码有利于受众对非遗的认知、理解与接受。因为故事是一种自主学习、主动说服的过程,受众在阅读故事的同时也在参与创造,自主地决定将故事读完,而非被动地接受故事。故事是一种心理印记的形式,故事能塑造观念并触及潜意识,一旦与潜意识相连,产生的影响程度可以长达一生。三是从故事的本质来看,故事是有效的沟通形式,是影响他人的最好工具,因为故事可以用精简的篇幅呈现复杂的意义。我们不管年龄有多大,还是会像小孩子一样喜欢听故事,而且仔细观察可以发现小孩子学习世界的方式是从故事开始的。故事之所以重要,在于故事结构会形成认识世界的框架,那是人们开始理解自身与世界关系的源头。四是用故事进行数字化编码可以将非遗更好地保存与记忆。故事是人类对自己的一种记忆方式,它记

[①] 哈特利.数字时代的文化[M].李士林,黄晓波,译.杭州:浙江大学出版社,2014:122.

载、传承和传播着社会的文化传统、价值理念与心智模式,引导着社会性格的塑造与形成。故事就是文化的力量。一个国家作为一个精神主体的存在,是一个连串辩证的过程。发展民族性格,也仰赖着故事的传递来形塑。各类非物质文化遗产项目都是由故事所组成,没有故事作为内涵支撑,非遗将不再有活力与意义,故事赋予事物价值,并随着不同时代、不同文化脉络而改变。但有些东西确实能横跨东西、贯穿古今,虽然有五花八门的形式、各式各样的诠释,但是最根本的精神始终存在,那些流传千年的神话故事、民间传说仍旧发挥着力量。除了以上四个方面,以故事逻辑对非遗进行数字化编码有利于传统文化知识的学习与传承,也有利于商业化改编和产业化运营等。

5.2.4 主体化:"我"与"他"

关于主体化,需要阐明两点:第一,谁是某项非遗的文化专属主体,即非遗属于谁;第二,谁是非遗抽象编码的主体。两个主体之间有交叠重合,但更多的是要区分二者的主体地位。任何非遗事项都是以地方性的人为存在载体,指涉两个要素,一是地域空间——非遗生存的地理环境;二是"人"这一主体。这里的两个要素均体现了专属性,非遗被归属于某一地方的某个人或某个群体——他们才是非遗的真正文化专属主体,即文化遗产具有归属性——文化遗产的主体性问题,他们对非遗具有基本的话语权,包括表达权和阐释权,确认这种文化是"我的"而且专属于"我"。"我"以外的"他者"均无法替代,体现了文化的专属性、唯一性和不可替代性。在这里强调非遗的专属主体性,是为了应对当下"我"被"他"代言的现象。现代制度安排和过度行政管理,导致了遗产出现"他者化"趋势,制度权力具备各种各样的表现方式和表达能力,形成了"遗产语境"(Heritage Context)中特殊的话语体系[①],具有现代性的意识形态、行政管理、法律法规、大众传媒等制度性权力,使得传统意义上的文化遗产已然从形式到内容发生流变,其原生性意义逐渐处在"失语"状态,也就是文化遗产的创造者、传承者、继承人在强大的公权力面前经常对自己的财产丧失发言权和处决权。遗产的主体性都发生了变化,取而代之的是另一种表达体。一方面,遗产属于集体和国家的;另一方面,遗产又是个人的和族群的。当遗产缀入了强烈政治话语的时候,"代言者"言之凿凿的理由和正当性恰恰代表了民族-国家的权力和集体主义。[②]

虽然在文化专属主体性阐述中对"他者"进行了批判,但对于非物质文化遗产的数字化,必须让"他者"加入抽象编码过程中来。不论是非物质文化遗产的

---

①② 彭兆荣.遗产反思与阐释[M].昆明:云南教育出版社,2008:26,49-50.

现实性保护,还是通过数字化方式,其参与主体都离不开具有主观能动性的各类人群。数字化首先是技术人员的参与,唯有技术才能将实物语言转换为数字语言,这是数字化过程的核心环节。其次,文化遗产的生存和发展都根植于一定的文化背景、社会环境、自然生态,该区域的社会民众均是遗产数字化的参与主体,这一群体最为了解和熟悉文化遗产的历史渊源和文化信息,他们的参与有利于遗产的文化信息阐释,但大多数民众包括遗产传承人或拥有者对于信息网络、数字化技术知之甚少,数字化技术成为民众参与的最大障碍,必须依赖技术人员的参与。再次,文化学者亦是数字化抽象编码的重要主体。他们参与数字化抽象编码工作主要是对文化遗产信息进行梳理,形成系统化,并将民间语言转化为理化语言,将非物质文化遗产中的默会知识转化为明示知识,进行文化抽象和故事性编码,有利于数字技术人员的计算机编码与转换,同时对文化遗产数字化信息进行审核把关。最后,数字化与文化遗产相关的政府部门,本书考察的徽州地区,是一个跨省市的区域,政府参与有利于区际文化遗产政策协调、资金保障、信息共享,包括技术合作及非物质文化遗产知识产权界定等。可以说非物质文化遗产数字化抽象编码是由不同作用的主体"众包"完成的任务(图5-1)。

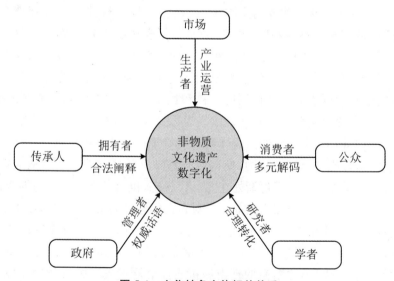

图 5-1 文化抽象主体相关关系

徽州文化遗产数字化应当重视当地人的权益、尊重当地人的诉求、培养当地人的信息素养和行动力,并且肯定他们的智慧和知识体系。数字化过程需要依靠当地人的自觉投入和认同,学者、官员、技术人员所扮演的角色是推动者和协助者,唯有当地人才是真正的主体和行动者,这也是文化遗产保护的内在要求,特别是非物质文化遗产,必须依靠其赖以生存的传承人;同时文化遗产资源的产业应用,遵循社会效益的原则,应以反哺当地文化和社会发展为重要前提。

5.3 数字编码

5.3.1 编码技术:如何被传递?

在第2章中已经陈述了信息论的三个层级问题,A层问题主要解决数字编码技术问题,在数据层面对非物质文化遗产进行技术性处理,即在特定的数字技术平台上进行文化信息传播就必须保证传者与受者遵循共同的编码协议。首先是对非遗形式和内容进行转化,如何用最优化的技术语言来呈现非物质文化遗产的信息,正如上文所述要"简约化",以实现在时间维度和空间维度最优化,即在数字信息存储问题和传输问题上,不能因过于追求优化与简化,而牺牲非物质文化遗产信息的完整性,并且要保持非物质文化遗产的现实生态特征与数字媒介环境的融合与协调。其次数字技术对任何遗产信息的储存与传输均是加工处理的过程,即数据优化的过程,此过程可能会导致数据损失、信息失真。例如,用微信发送一张关于非遗的图片,在传输过程中默认是图片压缩处理然后进行传输,对方所接收的图片数据是压缩处理后的,一般图片画面像素会失真。为了保留非物质文化遗产信息的完整性,需要在技术上既要做到高保真又要做到高效传播。

从 I-space 信息空间图(图 5-2)可以看出,数字编码的强度决定了文化信息传播与扩散的广度与深度。不同强度的编码所对应的 I-space 信息空间中数字化技术的自由度与能力均是不同的。位于 I-space 信息空间上部的信息都具有良好编码形式,即可以用统一的格式对之进行清晰地描述,这也是数字技术处理编码问题的基本要求,故而 I-space 信息空间上部是数字化编码的优势领域。该优势领域正逐渐向下部延展,表现为数字化编码的智能化正在逐步代替由人工进行处理的传统工作。一般来说对于非物质文化遗产事项信息的技术编码,该遗产事项中的显性知识属于强编码部分,而位于 I-space 信息空间下部的信息形式复杂多样,表达模糊,属于弱编码部分,其编码形式更接近于人类思维的自然模式,这个部分是人类处理问题的优势领域。[①]

---

① 彭冬梅.非物质文化遗产数字化保护与传播研究:以剪纸艺术为例[M].济南:山东人民出版社,2014:95-103.

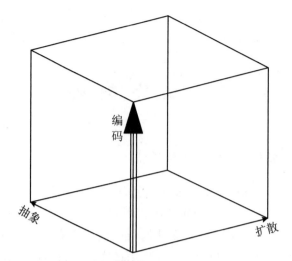

图 5-2　编码技术（A 层问题）在 I-space 空间的解决路径

5.3.2　编码语义：如何被理解？

非物质文化遗产数字化的 B 层问题是语义问题。所谓语义，可以看作数据所对应的现实社会中的事物所代表的含义，以及这些含义之间的关系，是数据在某个领域上的解释和逻辑表示，非遗数字化中的语义问题就是如何用数字语言来识别和表达其文化意义。语义具有领域性，同一事物在不同领域中的语义理解是不同的，即语义异构——指对同一事物在解释上存在差异，本书所说的语义主要是在数字技术领域。语义一般是指用户对于那些用来描述现实社会的计算机语言符号的解释，也就是用户用来联系计算机语言和现实社会的途径，即"被传播的信息如何能够准确传递意图中的意义"。其中"信息"就是经过数字化编码后的非遗数字内容，"意义"即是编码所表示的非遗语义内容。对于非物质文化遗产数字化来说，B 层问题属于编码形式和质量选择问题，信息表达形式是多元的，如图文音像等形式，且不同形式的编码质量也不同，有高保真的，也有低像素的等，如何选择最合适的非物质文化遗产信息编码形式是语义问题的核心，需要针对具体的非物质文化遗产进行选择，以达到可理解可接受的意图。从图 5-3 看出，正方点是属于理想的状态，编码语义问题涉及编码和抽象两个方向的问题，既要能够符合数字编码的逻辑，又要能够进行较高的文化抽象，要兼顾二者的协同。根据学者彭冬梅的观点，要想达到正方点的状态，可以有多重路线——编码与抽象的顺序优先级问题，先编码后抽象，或者先抽象后编码，或者二者同时进行或交叉进行。此处图 5-3 中的路径是一种理想模型，笔者认为在解决语义问题之前，应综合考虑被数字化的非遗事项的特征，然后进行编码和抽象。

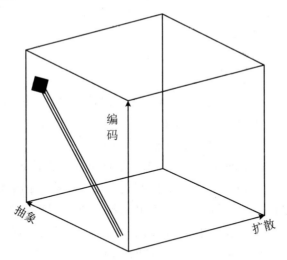

图 5-3　编码语义（B 层问题）在 I-space 空间的解决路径

笔者在调研访谈中，访谈对象所提及频率最高的数字化多是指简单初级的数字编码，如电子记录、数码拍照、录音录像等，这些是最常见的数字化，但并非是数字编码的高级形态——对非物质文化遗产信息进行合理数字转化并使之适应数字信息环境。初级的数字编码形态，由于形式化编码工作做得不彻底，使得后续非遗信息的使用和研究有很大的困难，经过简单初级编码的遗产信息对现代数字技术来说，利用率十分低效，如高质量的录音录像文档存占空间较大（反之，存占空间小则质量较低），不利于数字化传播，换言之即时间资源和空间资源的耗费都较大，也就说其编码方式的质量不高。更重要的是，这些初级编码会导致非遗内容的失真，损失很多语义信息，例如，一张图片仅是在某个时间点上对非物质文化遗产的静态的采样，其记录的信息在后续的匹配组合中会出现诸多问题，若截取一个片断作为非物质文化遗产的代表来研究并传承传播，可能会对非物质文化遗产的整体意义理解存在误差，甚至更糟。

5.3.3　编码效度：多少被接受？

非物质文化遗产编码的 C 层问题是效度问题（有效性）。所谓效度，是指所测量事物结果与事物本身之间的吻合程度。具体对非物质文化遗产而言，效度是指非遗数字化编码内容"返译"程度——"解码"程度。效度问题是建立在 A 层问题和 B 层问题基础上的，只有在完成了强编码和真语义的情况下，才能更好地解码和返译——"被接受的意义如何有效地按照意图中的方式影响行为"。这里包含两层意思，一是在多大程度上按照编码的意图理解所接受的信息意义;二是被接受的意义在多大程度上影响了受众的行为。

首先来看第一层面,单从数字技术层面分析,数字编码是结构性的语言,按照线性模式进行传递,从一般意义上来说,解码可把之前的编码数据还原至原始数据状态。但解码的过程并非编码过程的完全逆转。因为经过抽象与编码之后,原始信息会或多或少地被过滤掉一部分内容,被过滤的部分信息在解码中需要重新建构与组合,但却不可能呈现出与真实状态一样的效果。若按照霍尔的编码/解码理论的观点,编码所设定的意义与另一端的解码意义存在"不一致"的情况,解码过程存在"相对自主性"(Relative Autonomy),因为"传播者与接受者之间有结构性的差异",进而会选择性误读或超读(Read Past)编码的意图。[①] 正如霍尔在"编码/解码"中所述,编码者通过传播机制将代码构建出来的具有意义的话语传递给解码者,只有解码者接受并认同编码者的意义,才能达到应有的传播效果。作为信息另一端的解码主体,对意义的解码会受到其自身的社会地位、文化结构、价值观念等因素的影响。

其次,接受的意义在多大程度上影响了行为?这里的影响行为,在笔者看来就是非物质文化遗产的数字信息如何被理解、再现与创新创作——信息"外推型"映射。解码者和解码过程并非像编码者期待的一样,当同样的信息穿越文化的屏障时,"他者"——即外来者的解读过程会与本土人的解读,与原来的编码者的意图表达大相径庭,语言文字在修辞句法上的意义可以被接受和理解,但文化层面所折射的意义可能会被遗失,当我们阐释意义时要格外谨慎,要从历史的角度做出自己的判断。正如霍尔的编码/解码理论强调:公众可以用不同方式来阅读与阐释所接收的信息,也可以重新赋予信息不同的文化意义。解码就是一个意义接受和再生产的过程。解码者可能完全接受编码过程的意义,也可能部分地理解或接受;或者接收者也可以根据所接受的意义进行再生产再加工,进行新的解读与诠释,形成新的意义模式。这个解码过程在 I-space 空间中体现为非物质文化遗产的信息从市场区向下移动回游至采邑区,即产生新的遗产价值。因此,解决 C 层问题包括三个环节:编码轴向下的解码,再现与创作;扩散轴反向移动;抽象轴向前具象化创造,使之具有个性化特征。抽象轴的高端是解决 C 层问题的起点,在编码轴的高端,表示它具有可行性与可操作性;而非物质文化遗产能否从市场区顺利地回游至采邑区,完成非遗保护的循环与自我激励,且在维护原生特色的前提下得以升华,则与工具化技术质量密切相关。对工具化技术的质量要求有三个:一是高效性,以确保非物质文化遗产信息的顺利"返程";二是工具化技术最小"失真度",以保持非物质文化遗产

---

① 武桂杰.霍尔与文化研究[M].北京:中央编译出版社,2009.

创新创作的文化内涵,而不是曲解原意;三是工具化技术的创新性,以保持非物质文化遗产持续的生命力。图 5-4 所示的编码效度包括由 X 点到 X' 点以及由 X' 点回到 X 点,X-X' 是编码、抽象及扩散程度,以及被社会理解、接受、学习的程度;X'-X 是检验编码、抽象的效度,即数字语言是否能够按照非遗事项的文化逻辑正确、有效地返程。X-X' 也是一种理想状态,在实际操作过程中,也有不同的扩散和返程路径。

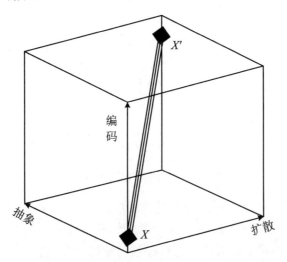

图 5-4 编码效度(C 层问题)在 I-space 空间的解决路径

5.3.4 协同编码:怎样去把关?

关于数字编码,要由多主体协同进行(图 5-5),把不同的非物质文化遗产事项的核心要素和关键环节进行提炼。在编码的技术、语义和效度方面做到构建真实非物质文化遗产信息环境,降低信息解码障碍。

作为非物质文化遗产传承人,最能够真实阐释文化遗产信息,也最有权利去传播,但从另外一个层面看,他们对文化遗产的解释权和传播权常常被权力机构或学术机构所代言——对文化遗产的阐释言语经过政治过滤、选择或理论术语包装,往往失去了文化遗产信息的原真性和完整性。在数字媒介环境中,文化遗产拥有者(传承人)可以借助数字手段记录、传递和传播相对真实的遗产信息,至少会将自己对文化遗产的理解传承下去。

文化研究学者是文化遗产的"他者",但文化学者的议题具有一定的"靶向"性质,为文化遗产的传播起到提供学术话语资源设置,将议题扩散到意识形态和文化认同的领域,推动传播议题的转化作用。学者对文化遗产的阐释,是基于史料考证的,站在"他者"的位置去审视和研究文化遗产,具有学术的权威性

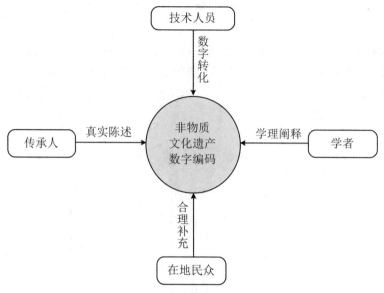

图 5-5　非遗数字编码协同关系

和专业性,但相对来说,忽视了文化遗产的地方性知识。

数字技术人员,作为数字编码关键主体,负责将遗产数据转换为遗产信息(知识),主要从技术层面对遗产进行抽象与编码,但对遗产自身的文化意义把握得不一定准确,需要在文化学者和传承人的共同阐释与文化抽象前提下进行数字转化。

无论是物质或非物质抑或线性遗产都是一种集体记忆。集体记忆是一个长期的、多向面的、持续不断的建构过程,既有从当下到过去的诠释,也有过去对当下的启示,它是由文化遗产所在地的民众共同构建的。当地民众通过横向人际传播和纵向家族内部传递,将遗产知识和信息进行保存和传承。虽然在地民众的遗产记忆在表达上具有个人化、碎片化的局限性,但这些嵌入日常生活的个体记忆却具有建立个人与地方场所之间关系的关键作用。虽然这些表述和记忆不具有专业性和权威性,但是作为民众对遗产的认同和理解具有正当性和合理性。当地民众根据自己对文化遗产知识的理解和实践经验,利用自己的闲暇和知识盈余,运用民间叙事的视角,在一定程度上弥补了学者的阐释之不足。

第6章 数字载体：非物质文化遗产数据库

6.1 非遗数据库建构意义

科学技术不断进步，数字技术日新月异，非物质文化遗产的保护、传承与发展也要适应时代的发展，运用新的数字化手段提高非物质文化遗产的保护水平，强化遗产教育传承效果，加大遗产发展与应用的力度。早在2005年，国务院办公厅下发的《关于加强我国非物质文化遗产保护工作的意见》明确指出：要运用文字、图片、音像、数字化多媒体等各种方式，对非遗进行系统、真实和全面的记录，建档(档案库)、建库(数据库)。在科学分析、合理建构和有效运行与管理之下的非遗数据库，不仅可以系统、真实、全面地记录某个区域非物质文化遗产的全貌，亦可提供便捷的查询、交流与利用非遗的数字内容资源等功能，对于非遗项目传承与保护、传播与研究、发展与利用等方面，发挥着基础资料参考与动态辅助决策的价值。

6.1.1 集成与建档

前文所述非物质文化遗产的抽象编码对于整个数字化工程来说，是单一个体项目的零散性数字采集与记录，而数据库则是一种集成。非物质文化遗产种类繁多，复杂多样，近十余年，国家各级政府主管部门的非遗普查、名录申报等积累了大量的闲散资料——基本数据信息（表格、文本、图片、音频、视频等）。在徽州地区调研时，H市非遗科负责人告诉笔者，目前该科室拥有本市所有县级以上的非遗资料，但大部分都是零散的，未曾进行系统性整理，甚至有的资料还是以实物性文本资料存在，给非遗的统计决策、动态管理带来很大的障碍。通过数据库的建设与管理，可将这些非遗资源纳入数字化保护与管理机制中，有效提高管理效率。但目前非遗数字信息来源多主体化，如各级政府的文化主管部门，各种非遗管理与研究机构，高校和研究所，各级各类档案室、图书馆、博物馆，以及传承人等，非遗数字资源存在记录手段的不一致（有的录音、有的拍摄、有的数字建模）、存储空间的分散、信息储存逻辑模式的不同（储存格式与标准不同）、数据编码标准的异构（非遗项目侧重传统表演艺术、传统造型艺术、传统生产生活知识技能及传统节庆仪式等不同形态,编码标准不一致）等问题。若要实现数字资料的集成与整合,就要实现不同数据结构之间的数字信息资料、硬件设备资源等合并与共享,以分散、局部的信息数据为基础,通过非遗数字元数据标准等建立具有统一标准的数据集合。

从每一项非遗项目层面来看,可以利用数据库对各个项目及其传承人进行建档立卡,虽然非遗的保护在于活态性和生活性,但许多非遗项目在当下缺少存续土壤,甚至濒危项目面临传承中断的状况,建立非遗项目数据库则能准确把握各个项目的存续状态——传承人数量、传承项目的等级、传承区域范围、相关音像等。徽州地区的非遗门类齐全、四级名录完备、项目及传承人资料复杂,如果仅是实体资料的整理与管理,无法有效满足现代管理的需要,而数字化立档保护所需时间短,数字记录等易于完成,并随时可对项目数据进行监测分析管理,有利于非遗项目的保护与管理。

6.1.2 保护与共享

非遗数据库建构的基本意义之一就是保护,通过数字技术记录并保存非物质文化遗产,世界各国都重视对人类文化记忆的保护,无形文化记忆对当今社会的发展具有不可估量的历史和人文价值。例如,联合国的"世界记忆工程"主要提倡的档案文献实体保护,口头历史记录、影像历史记录等音视频保存,以及数字化资源的长期保存。建立徽州非物质文化遗产数据库,是对该区域非遗项目进行系统性、完整性的保护,有助于保存历史文化基因和文化传播交流。

非遗数字化资源相对于非遗实体本身来说,就是便于传播共享。不论从人对非物质文化遗产资源的需求,还是社会对非遗的认知保护出发,通过网络信息技术实现资源共享是一种趋势。而最大程度实现非遗资源保护共享的手段就是建立数据库。将散存于世、难以在物理空间集成的文化资料和实物资料通过数字网络技术集中在统一的数据库中,数字化资源最大程度集合和管理,便于发挥出非遗资源的数字形态整合以及资源利用价值最大化。2002年文化部实施的"文化信息资源共享工程"就是充分利用数字技术,将传统的、典型的文化信息资源,进行数字化采集、加工、处理与集成,构建文化信息数据库；建设以互联网为载体的中华优秀文化的网络中心与信息中心,通过覆盖全国省（自治区、直辖市）、大部分地、市、县以及乡镇、街道或社区的文化信息资源传输系统,实现优秀文化的数字信息在全国范围内的共建与共享。建立非遗数据库,对非遗数据加工发布,可使得数字资源在平台上实现各级搜索与不同权限的浏览,实现非遗资源数字形态的最大共享,而且数据的保存与传播也可促进项目所有者信息、知识产权信息的公开,未来将成为促进非遗资源合法利用与共享、促进传承人权益保护的有利工具。

6.1.3 管理与应用

非物质文化遗产数据库是以非遗的数字资源为核心内容的集成仓库。按照非遗传承与保护逻辑,建构相对应的非遗数据库系统,在非遗数据编码采集、数字记录、更新维护及时的情况下,通过非遗数据库,可以为非物质文化遗产保护工程提供强大的数据辅助,客观把握非遗保护的各项工作进展情况,辅助保护工程科学管理决策。不管是非物质文化遗产保护的整体性规划推进,还是各类非遗项目上的取舍,均是建立在真实信息分析基础上。非遗数据库可以提供不同区域范围、不同非遗类属等数据集合分析、趋势分析,更好辅助保护决策,还可以对重点非遗项目(濒危项目)进行监测,让非遗数据为非遗保护管理服务。在大数据时代下,通过大量相关数据的收集分析,预测会更强大,发现可能会遇到的问题,发出预警信号,对抢救与保护进行提醒,更利于保护决策的进行。数据库未来也会成为预警濒危、辅助传承和主导保护的主要依据。可见,在非遗数字化保护过程中,需要一个集成性的数据库来支持与支撑,将非遗数字信息资源进行合理的整合、管理与调用,从而提升非遗保护的工作效率与效果。而非遗数据库设计与构想是实现该项工作的最重要、最基本的环节。

非遗数据库的建设不仅仅是为了保护,还要考虑到非遗数字化发展问题,即非遗的数字内容的应用。即通过数字技术可以将非物质文化遗产内容以标准化和数字化的形式进行编码存储,建立数字文化遗产资料库,并以其素材数据为基础,以市场需求为导向,灵活开发各类具有自主知识产权的视觉形象、文化元素等,通过版权授权、展览展示、联合开发、教育培训、文化传承等方式实现非遗的数字化发展,以延长非遗项目的生命周期。非遗的数字内容应用主要表现在文化传承、公益服务和产业融合三大方面。文化传承是非遗数字化的题中之意,在前文已述,数字化正是为了保护与保存非遗事项的文化基因,肩负文化传承的使命,例如通过数字化展示、数字博物馆、学校教育等途径进行文化传承。公益服务亦是非遗数字化另外一个层面的意义,数字化可促进非遗的传播,让非遗的数字内容惠及公众,例如通过广播、影视、网络等开展文化公益活动。至于产业融合,是非遗参与社会发展的重要路径,也是非遗自身发展的关键,任何文化事项如果不能满足当下社会的需要,那么它的生命周期将会被压缩,而逐渐退出历史舞台。非遗数字内容的应用,就是推动文化建设中传播手段的升级,逐步形成以非遗数字内容的网上服务为基础的产业融合,并形成新的经济增长点。

6.2 非遗数据库建构

6.2.1 非遗数据库建构机制:合作-参与

非遗数据库的建构如同前文所述非遗数字抽象编码一样,并非由某一个人或群体所完成,必须依赖协同机制——文化学者、技术人员、政府机构、在地民众(包括非遗传承人群)等主体合力协作,方能建设有效的非遗数据库。就目前全国各非遗数据库建设情况来看,是一种"由上而下"(Top Down),并由外来力量决定当地资料库的建置过程,很少考虑当地人(The Local)的使用需求,缺乏数据库建构者与使用者、官方与民间的双向互动。本书借用德内格里、托马斯等人提出的"参与光谱"(The Participatory Continuum)[1]架构来分析非遗数据库的建构机制(表6-1)。

表6-1 非遗数据库建构参与机制[2]

参与机制	地方参与	数据库建置
挑选 (Co-option)	他者[3]选择部分地方代表[4],但在地民众[5]没有实质的介入或权力	他者与当地人士会面,决定重要议题与规划,当地人不一定看得到数据库成果
顺从 (Compliance)	在某种外在诱因的提供下,工作项目被指定,他者决定议程与过程,在地民众执行研究事项	他者决定重要议题,在地民众或许可以看到数据库成果

---

[1] DeNegri B, Thomas E, Ilinigumugabo A, et al. Empowering communities[C]. Washington D.C.: The Academy for Educational Development, 1999:4.

[2] 笔者于2014年9月至2015年2月在台湾交通大学传播研究所跟随郭良文教授学习交流。此参与机制构想源于郭良文、林素甘两位教授的论文《从参与式传播观点反思兰屿数位典藏建置之历程》(刊于《新闻学研究》2010年1月第102期151-175页)。

[3] "他者"是指官方、非本地学者、技术人员等非在地力量。

[4] "地方代表"可能是非遗传承人,或是普通在地民众,抑或是当地意见领袖如村族负责人。

[5] "在地民众"是指非遗传承人、遗产地民众、当地学者等。

续表

参与机制	地方参与	数据库建置
咨询 (Consultation)	地方人士的意见被征询,他者进行分析和决定如何采取行动	地方人士分享重要议题的观点与意见,当地人或许可以看到数据库成果
合作 (Cooperation)	在地民众与他者一起决定事情的重要顺序,指挥过程的责任仍属于他者	在地民众与他者一起发展内容,由他者制作,当地人并非主要使用对象
共同学习 (Co-learning)	在地民众与他者分享知识,创造新认识,在他者的推动下,一起产生行动	地方民众与他者一起发展数据库内容,共同进行制作,可分享资料给在地民众
集体行动 (Collective Action)	在地民众设定自己的议程,并在无他者介入的情况下,动员地方力量来完成目标	在地民众决定重要议题,自行制作资料库内容,供社区使用,并促进改善

在数据库建置"参与光谱"中,划分为六种参与机制(图6-1),分别是挑选(Co-option)、顺从(Compliance)、咨询(Consultation)、合作(Co-operation)、共同学习(Co-learning)、集体行动(Collective Action),每一种参与机制,在地民众在数据库建置过程中的角色和作用都是不同的,按照光谱原理分析,在地民众"合作-参与"建置程度逐渐密切。

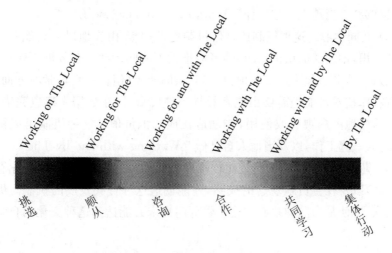

图6-1 数据库建置"参与光谱"

(1) 挑选机制。它是所有机制中相对单面向的参与,他者(官方、非本地学者、技术人员等)片面地选择部分地方代表,通过这些代表了解所需要的非遗信息,以推动数据库的规划与建设,通常来说在地民众没有实质性的介入或参与,对数据库没有任何决定权,数据库建置完毕后,在地民众不一定能看到或使用该数据库的相关成果。这种机制可以被称为"对地方所进行的工作"(Working on The Local)①。

(2) 顺从机制。该机制中在地民众被动参与到数据库的建置过程中,在地民众在某种外因诱导下,按照他者指定的工作要求,提供或搜集研究所需材料,由他者决定哪些资料、内容或议题是重要的,在地民众亦无决定权。数据库建置完毕后,在地民众可能看到或使用该数据库的相关成果。这种机制可以被称为"为当地而工作"(Working for The Local)②。

(3) 咨询机制。在这种机制中,他者会征询地方人士的意见,参考这些意见,并加以分析决定应该如何采取行动。在参与式传播资料库的建立方面,在地民众得以分享关于非遗数据库重要议题的观点与意见。数据库建置完毕后,当地民众或许可以看到和使用非遗数据库的成果,这种机制可以被称为"为当地以及与当地人一起工作"(Working for and with The Local)③。

(4) 合作机制。该机制是由在地民众与他者共同决定数据库相关事宜的建置过程,但在数据库建置过程中仍然由他者主导。在数据库建设中,在地民众与他者一起选择非遗内容,由他者进行制作,这种机制比较具有动态、双向的互动性质,二者之间可以建立起一个平等对话的机制,然而当地人仍非数据库的主导,所以在建置的数据库内容方面,当地人并非主要的使用对象。这种机制可以被称为"与当地人一起工作"(Working with The Local)④。

(5) 共同学习。这种机制比合作机制更进一步,由在地民众与他者一同分享非遗知识,创造新的认识,并在他者的推动下协同行动。在数据库建置方面,在地民众与他者一起决定非遗项目内容,共同建置(但在教育与学习方面,计算机与资料库技术目前仍需要由他者教导当地民众)。在数据库建置完毕后,可以分享给当地民众观看或使用,并创造在地知识价值。这种机制可以被称为"与当地人一起工作,以及当地人自己做"(Working with and by The Local)⑤。

(6) 集体行动。这种机制是比较难以实现的,需要在地民众的文化意识和主动行动,以及社会贡献观念的成熟,才能创造这种自我发展的机制。毋庸说当地民众,即使是当前的政府文化主管部门也未必能达到这种文化的自觉性和

---

①②③④⑤ Singhal A. Facilitating community participation through communication[C]. Report submitted to GPP, Programme Division, UNICEF, New York, 2001:13.

共享意识。这种机制是指由地方民众自行设定非遗数据库相关议程和重要议题,并在无外来者介入的情况下,动员社群的力量来完成非遗数据库建置目标,创造社群的价值,分享共建数据库的成果,并促进改善。这种机制可以被称为"当地人自己做"(By The Local)[①]。

6.2.2 非遗数据库概念模型设计:实体-联系

根据前文所述,非遗数据库是庞大非遗信息的集成,内容极其丰富,整合了不同形态和异构性的数字资源。但非遗数据库不是简单的非遗数字资源的整合,在非遗资源采集与加工阶段,需要对采集的非遗事项进行取舍与价值判定,正如第4、5章节内容所述,要考虑到数字技术(媒介)对非遗的影响,以及如何进行文化抽象和编码。在技术层面,非遗数字资源的审核环节在数据库中十分重要,要通过在采集、加工、管理、发布等各个流程中设置专门的审核环节,建立非遗研究专家库、专家审核登录账号与平台等,确保非遗数据库内容价值层面的质量水平与整个数据库的专业化和科学化水平。它要满足非遗保护、传承与发展中不同层次用户的需求(存档、查询、管理、决策、传播、应用等),而且随着实践的推进和研究的深入,非遗项目有的需要扩展和调整,非遗数据库需具备兼容性、扩展性、共享性、海量性等特点。基于笔者的学科背景,对数据库技术性问题了解肤浅,故本节研究旨在讨论非遗数据库的设计理念和数据库的概念模型。非遗数据库设计是一项系统性、多学科、综合性工程。一般来说,非遗数据库的设计大致分为五个阶段:数据库规划、数据库需求分析、数据库设计(包括概念模型、逻辑结构和物理结构)、数据库实施以及数据库使用与维护,如图6-2所示。

在规划与需求分析阶段,重点解决非遗数据库用户的业务目的、建构目标以及非遗数字内容资源的使用情况,厘清所用数据的类别、范围、数量以及数字资源在业务活动中交流的情况,并明确用户对非遗数据库的使用要求以及各种约束性条件等,从而形成用户需求规约。此阶段需要综合考虑与非遗数据库相关利益群体的使用需求。数据库设计阶段包括三个程序,分别是概念模型设计、逻辑结构设计、物理结构设计。概念模型设计是依照非遗数据库现实世界的真实描述,对非遗项目实体进行分类、聚集和概括,建构与实体相对应的抽象概念数据模型(Concept Data Model,CDM)。

逻辑结构设计是将现实世界(非遗项目实体)的概念数据模型设计(项目实

---

① Singhal A. Facilitating community participation through communication[C]. Report Submitted to GPP, Programme Division, UNICEF, New York, 2001:13.

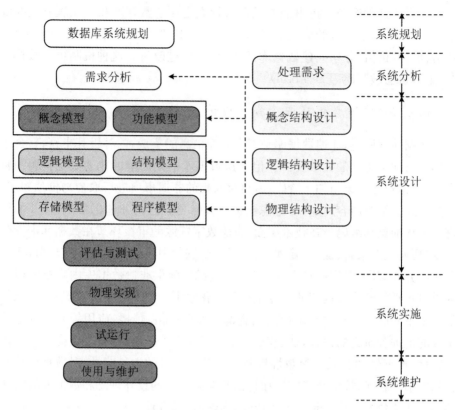

图 6-2 非遗数据库设计流程图

体、项目实体的属性以及实体与实体之间的联系)转化为数据库的一种逻辑模式(具体非遗数据库支持的数据模型),即将概念结构转化为一般的关系、网状、层次模型,并使之适应数据库管理系统(Database Management System,DBMS)支持下的数据模型以及对其进行优化[①]。物理结构设计则是明确数据库的物理结构,在逻辑关系数据库中主要指存取方式、存储结构(包括非遗数字化文件格式、索引结构以及信息数据的存放逻辑与位置等)和存取路径。同时对物理结构进行评价与测试,评价数据库设计的整体功能,测试数据库性能与运行效果。

系统实施与维护阶段。在上述程序完成的基础之上,完成非遗数据信息整合与集成,运行数据库对非遗数据的处理程序(如对非遗数据资料的上传、管理、下载与使用),根据运行效果和后期的实际需要对非遗数据库不断修改与完善。

---

① 吕英华. Access 数据库技术及应用[M]. 北京:科学出版社,2012:4-6.

本节主要对非遗数据库概念模型设计进行详细阐述,并绘制"实体-属性-联系"模型示意图(E-R模型图)。概念模型可以较好地表达非遗数据库核心的各类项目属性之间的关系,概念模型设计是非遗数据库的数据存储结构和数据描述的基础,是逻辑结构设计和物理结构设计的前提。所谓概念模型,是将现实世界中的客观实体抽象成某种信息结构,而该信息结构不依赖于计算机的具体系统,它并非某个数据库管理系统所支持的信息模型,而是概念性模型,所建构的信息模型与数据库在计算机上的具体实现细节无关。

概念数据模型(CDM)反映了非物质文化遗产的现实世界——非遗项目名称、项目级别、项目类别、代表性传承人、存在环境、发展情况等信息结构、信息之间的相互关系,以及各非遗项目的相关利益主体对非遗数字信息存储、检索、加工与利用的要求等,是针对非遗数据库用户的模型设计。它的特点是能真实、充分地反映现实世界,为了将现实中的具体非遗项目抽象成某种数据库系统所支持的信息模型,通常先将现实世界实体抽象为信息世界的语言逻辑,然后再将信息世界语言转换为机器世界可读的符码(图6-3)。

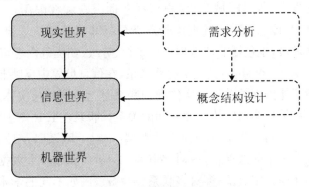

图 6-3　信息转换示意图

由于概念模型是用于信息世界的建模,它是现实世界转换为信息世界的第一次抽象,是用户(政府的非遗主管部门、学术机构、传承人等群体)与数据库设计人员之间合作与交流的语言基础,故而概念模型一方面应该具备较强的语义表达能力,能直接、有效地表达应用中的语义信息,另一方面它的表述应具有简明化、清晰化的特点,以便于用户理解。但同时概念模型设计过程是一个充满主观色彩的工作,按照编码/解码理论,不同的人对同一个非遗事项的理解和阐述存在着编码语义、编码技术和编码效度的问题(在抽象编码章节中已有叙述),可能提炼出来的概念模型都不一样,故它是受主观认知影响的工作。一般来说,构建概念模型的过程与程序技术人员的关系并不大,故可以将此项活动交给具有资深经历的文化学者或专家、传承人,由技术人员进行辅助设计,这也体现了非物质文化遗产数字化的学科交叉性和协同性。

非遗数据库的概念模型设计主要是对实体-联系模型(Entity Relationship Diagram,E-R 模型[①])进行分析,E-R 基本要素包括实体、属性和联系。

(1) 实体(Entity)。实体是客观上可以相互区分的事物,实体可以是具体的人和事物,关键在于一个实体能与另一个实体相区别,相同属性的非遗项目实体一般具有相同的特征与性质。利用实体名称与属性名称的集合来抽象、刻画和表达同类非遗项目实体。在 E-R 图中用矩形表示实体,矩形框内标示实体名称。非遗概念数据设计的实体,就是要确定所有建设的非遗数据库的所有实体,比如具体非遗事项——绿茶制作技艺、徽州民歌、目连戏等都是实体。非遗数据库的核心实体是非遗项目数字内容资源,以及非遗传承人、非遗数据审核者或管理者、学术研究机构、政府主管部门和非遗数据库用户等。

(2) 属性(Attribute)。属性是指非遗项目实体所具备的某一项或某一组特征,一个非遗项目实体可由若干个属性进行描述。属性是相对实体而言的,实体是属性的依附载体。在 E-R 图中用椭圆形表示属性,在椭圆形中描述实体的属性特征。比如非遗项目的级别、门类、地域等;非遗传承人的姓名、性别、年龄、等级、文化程度、所属区域等;用户包括普通公众和权限用户(例如学术机构、文化机构以及传承人)等;数据库管理者包括非遗数据质量检查、数据格式审核等技术管理员,也包括非遗数据内容审核、分级、归类等内容审查员等。

(3) 关系(Relationship)。关系也称联系,在信息世界中反映非遗实体与实体之间或非遗实体内部的关联。实体间的联系是指不同非遗实体之间的关系;实体内部的联系是指非遗实体属性之间的关系。联系在 E-R 图中用菱形表示,菱形框内注明联系名。联系可分为三种类型:一对一联系(1∶1),例如一位非遗传承人只拥有一个非遗项目;一对多联系($1:n$),例如一个数据库管理员可以审核不同的非遗数字资源;多对多联系($m:n$),例如不同的学术研究学者可以对不同的非遗项目进行研究。

非遗数据库的概念模型(E-R)通过三种方法对非遗实体进行抽象。

第一种方法:分类(Classification)。定义某一类概念作为现实世界的非遗事项中一组对象的类型,抽象了对象值和型之间的"Is Member Of"的语义。[②] 例如,关于徽州省级以上传承人或再具体一些徽州传统技艺类省级以上传承人,如图 6-4 所示。

第二种方法:聚集(Aggregation)。定义某一非遗项目实体类型的组成成

---

① E-R 由美籍华裔计算机科学家陈品山(Peter Chen)于 1976 年提出,这种数据模型用在数据信息系统设计的阶段,用来描述信息需求和/或要存储在数据库中的信息的类型。

② 吕英华. Access 数据库技术及应用[M]. 北京:科学出版社,2012:4-6.

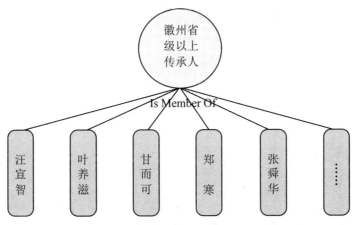

图 6-4　非遗数据库的概念模型:"分类"示意图

分,抽象了非遗项目内部类型和属性之间"Is Part Of"的语义。[①] 例如,某一非遗事项所拥有的属性特征,以徽州绿茶制作技艺(黄山毛峰)为说明案例,如图 6-5 所示。

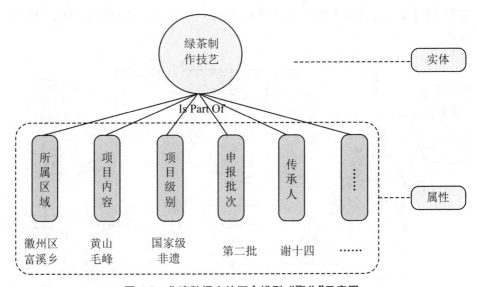

图 6-5　非遗数据库的概念模型:"聚集"示意图

第三种方法:概括(Generalization)。定义类型之间的一种子集联系,抽象了类型之间的"Is Subset Of"的语义。[②] 例如,徽州传统舞蹈类划分不同子类别,以部分省级项目为例,如图 6-6 所示。

[①][②] 吕英华. Access 数据库技术及应用[M].北京:科学出版社,2012:4-6.

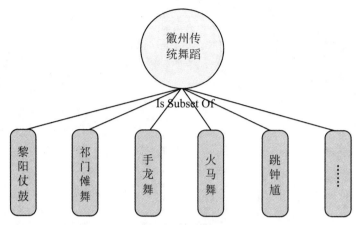

图 6-6 非遗数据库的概念模型:"概括"示意图

依据对 E-R 模型的分析与抽象方法,本节采用 Diagram Designer 软件绘制非遗数据库 E-R 图,在图中将非遗数据库所涉及的实体、属性及其关系进行标注,参照数据流程图,标注各个实体、属性及关系,并确定要素之间的联系及其类型,构建了非遗数据库概念模型简明示意图(图 6-7)。非遗数据库概念模型见表 6-2。

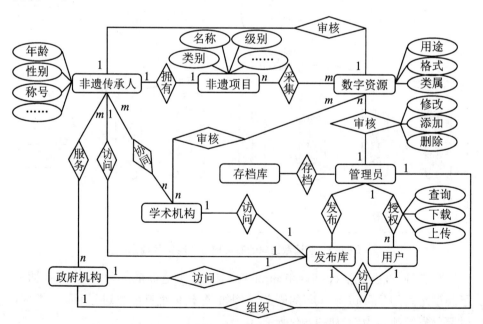

图 6-7 非遗数据库 E-R 简明示意图

表 6-2　非遗数据库概念模型:"实体-属性"简表

实　体	属　性
非物质文化遗产项目	项目类属、项目形态、项目内容、存续时间、申报单位等
非物质文化遗产传承人	拥有项目名称、传承人身份信息、传承人等级等
非遗数字资源	项目类属、数据类型、数据用途、数据状态、数据格式等
存档库	项目类属、项目内容描述、数据格式、数据量等
发布库	项目类属、项目内容描述、数据格式、数据量等
政府主管机构	管理权限、访问权限、登记注册信息等
学术研究机构	管理权限、访问权限、登记注册信息等
数据库管理员	管理权限、审核权限、访问权限、登记注册信息等
……	……

E-R 简明示意图可以较为清晰地描述出非遗数据库"现实世界"的相关实体、属性及关系,便于了解非遗数字化保护的信息数据结构、数据之间的制约关系以及存储、管理、访问、加工数据的要求等。

6.2.3　非遗数据库组织架构

非遗数字资源内容是整个非遗数据库的基础,也是数据库建设的根本。创建数据库首先要做的就是对非物质文化遗产资源的分类组织。非遗数据库组织架构可从不同属性方面对非遗数据进行组建,即按照非遗项目的属性("实体-属性")对非遗项目进行分类,目前常见的分类有:基于地理位置、申报批次、项目级别、项目类别等几个大类框架,其中按照项目类别分类的标准不甚统一。下文将利用 Diagram Designer 软件分别绘制组织架构示意图。

1. 基于项目类别

关于非物质文化遗产的类别存在不同的划分指标体系,联合国教科文组织的《公约》将非遗分为五大类[①],该分类较为宏观笼统,对于数据库建设来说存在种种困难。我国《非物质文化遗产法》将非遗项目划分为六大类[②],相对于非遗数据库来说,该分类与《公约》的划分线条都较粗,不适用于非遗数据库建设。按非物质文化遗产普查手册的分类法,将之划分为 16 类,虽然划分较为细致,但项目类别之间可能存在冲突,例如民间杂技与游艺之间、传统医药与民间知

---

①② 详见第 2 章。

识(医药卫生)之间可能存在项目冲突。数据库建设要求数据表具备原子性(即基本表中的字段是不可再分解的),以消除不必要的冗余,减少属性冲突、命名冲突等。另外一种就是国家级非物质文化遗产名录分类,将非遗项目列为十大类[①],笔者倾向于按照遗产名录的分类来构建非遗数据库的组织架构,既有纵向的层级划分(国家、省、市、县区四级名录),又有横向的门类区别。根据调研结果,目前各省市已经或正在建设的非遗数据库一般都是按照"十分法"进行分类的。例如,将徽州区域内的非遗事项按照十个类别进行划分,限于篇幅每个类别之下仅举一例,如图6-8所示。

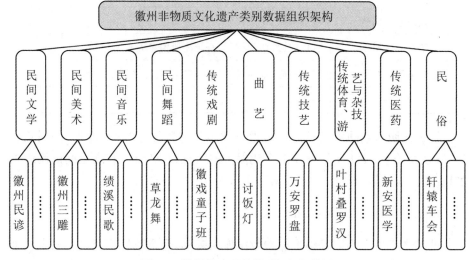

图6-8 徽州非遗项目类别组织架构图

2. 基于地理位置

非遗均是成长于一定的社会和地理环境之中的,基于地理位置建构非遗数据库的逻辑能够直接查询和管理该区域的遗产数量、遗产类别,可以更好把握非遗的静态与动态状况。下一节阐述的非遗数字地图就是基于非遗的地理分布而设计的,如图6-9所示。

3. 基于申报批次

目前国家已申报5批次的非遗代表性名录,安徽省申报5批次,徽州区域内部分县区已申报6批次,按照批次进行数据整理,可以进行纵向性比较。关于申报批次,在数据库检索过程中,可与其他检索条件综合使用,例如选择省级或国家级某一个批次,进行限定性检索。如图6-10所示,根据徽州非遗项目的

---

① 详见第2章。

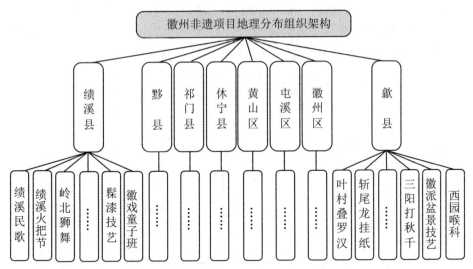

图 6-9　徽州非遗项目地理分布组织架构图

申报批次,每个批次下面举 2~3 例来说明,同时该组织架构需具备扩展性和动态性,随着实践的深入,未来会增加第六批、第七批等,而且也会对已经入选的项目进行评估考核,部分非遗项目可能也会退出目录。

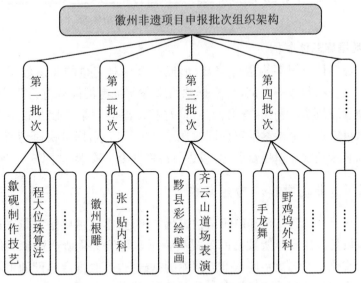

图 6-10　徽州非遗项目申报批次组织架构图

4. 基于项目级别

不同级别的非物质文化遗产具有不同的历史价值、科学价值和文化价值,其濒危程度也不尽相同。因此,在保护时可以依等级来进行,这样有利于保护的合理化与科学性。目前按照国务院的非遗名录标准,分为国家、省、市、县区 4 级名录,加之联合国教科文组织评定的人类口头和非物质遗产代表作,可以将非遗项目级别划分为 5 级,如图 6-11 所示。

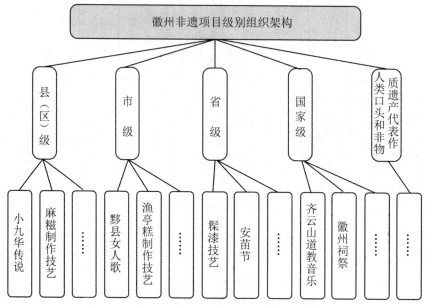

图 6-11 徽州非遗项目级别组织架构图

5. 数据库总体架构

将上述四种组织架构进行综合,形成一个相对完整的非遗数据库组织架构。针对某一项非遗的查询,可根据项目实体所拥有的属性进行组合性检索,从而提高管理效率。例如,查询徽州区域内"绩溪县""第二批""省级""传统技艺"项目,可以将 4 个检索限定词同时选定并进行搜索,即可快速清晰定位。当然也可以直接搜索非遗项目名称,或进行模糊性全文检索,如图 6-12 所示。

6.2.4 非遗数据库功能架构

以上对非遗概念结构和组织架构进行了阐述,本节主要是对非遗数据库的功能进行设计。建设非遗数据库是提高徽州非物质文化遗产资源利用率的有效途径。文化遗产的数字信息是数据库的基础,也是数据库建设的根本。根据徽州文化生态保护区文化遗产资源总体情况,按照文化遗产类别、文化脉络、文化内涵,将零散的、难以在物理空间集成的文化资料、实物资料通过数字网络技术集中在统一的数据库中(包括数据整合平台、发布检索平台、互动展示平台、学习下载平台等),如图 6-13 所示。

第 6 章　数字载体：非物质文化遗产数据库

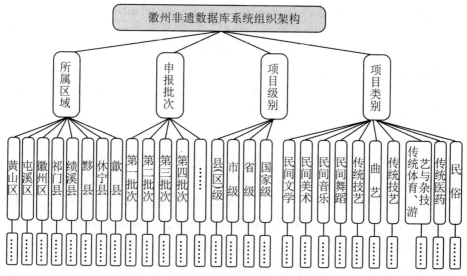

图 6-12　徽州非遗数据库系统组织架构图

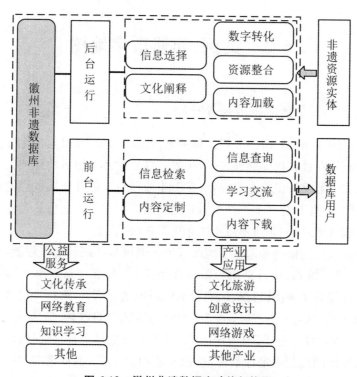

图 6-13　徽州非遗数据库功能架构图

首先，由非遗数字化参与主体根据数字化技术标准在数据整合平台上协同，对徽州非物质文化遗产进行项目信息数据梳理、数字编码、整合编辑、数据加工、编目标引等工作。

其次,由数据库管理者将数据加载到存档库和发布库,支持用户(普通用户、学术研究机构、政府机构、文化企业、图书馆、档案馆等)全文、关键词检索和音视频检索等,以满足用户基本用途。

再次,建立互动展示平台。数字化不仅仅是展示,还应具备人机互动功能,用户可以与数据库进行互动(如徽文化知识互动游戏等),同时此平台应设计为开放式的,根据用户权限可自行添加和补充文化遗产数据,鼓励和推动普通用户和在地民众参与构建数据库,其添加和补充数据则由后台协同审核。

最后,构建内容下载使用平台。徽州非遗数据库的功能是传播和传承优秀文化,使文化价值发挥最大效用。这个平台功能包括在线学习、付费下载、内容定制等,主要为文化公益服务和产业应用提供文化内容和信息数据。

徽州非遗数据库建设,实现遗产数字资源管理,挖掘文化遗产资源中的有效资源,将文化保护、传承与产业利用融为一体,有利于科学研究、经济转型、文化振兴等。

6.3 案例:非遗数字地图

6.3.1 非遗数字地图的设计

数字地图(Digital Map)是以地理信息数据库为蓝本,以数字化形式将地理图示信息存储在计算机存储器之中,在数字媒介载体上显示的地图。非遗数字地图是以非遗数字资源为主要内容,基于非遗项目实体在现实世界的地理分布而设计的数字地图,它属于一种小型非遗数据库。它是非遗项目实体在现实世界的数字表现形式,与非遗项目实体存在着映射关系。

本书所设计的徽州非遗数字地图基于非遗项目所属的地理位置,其综合了项目类别、项目级别、项目批次等限定性条件,有利于检索效率和精准度的提高。徽州非遗数字地图以行政区划为主要地理划分依据,第一个层级为安徽省内的徽州区域,涵盖五县三区;第二个层级为区域内的歙县、黟县、休宁县、祁门县、绩溪县、黄山区、屯溪区、徽州区;第三个层级是每个县区的具体非遗项目,在这个层级中间添加限定性条件,按照非遗项目批次、项目级别和项目类别进行划分。组织架构图如图 6-14 所示。

第6章 数字载体:非物质文化遗产数据库

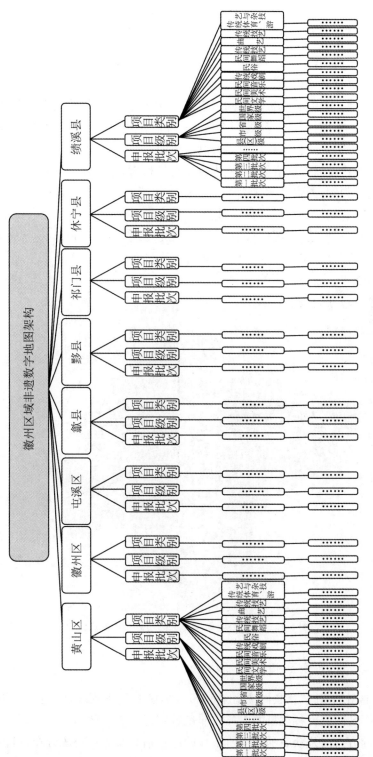

图6-14 徽州区域非遗数字地图架构

6.3.2 非遗数字地图的呈现

非遗数字地图以真实的地理信息为基础，以当前的徽州区域的行政区划为单位对地图进行县域边界切割，采用不同的颜色以示区别，使得数字地图界域清晰明确。地图上的县域板块之间可以进行超链接，县域板块内部按照非遗项目的地理位置添加相关内容，如当选择某一个县域时，则该区域凸显，其他区域为灰色。当点击某一县域板块时，随即弹出该县范围内的所有非物质文化遗产项目菜单，用户可以根据查询需要，进行组合性检索，选中任一项目查看详细内容，以祁门县为例，图中显示仅为部分项目（图6-15）。然后可以根据需要进一步点击该区域所显示的项目，数字地图呈现的非遗项目内容，依据各级非遗项目名录的内容来描述，内容格式采用文本、图形、图像、音频、视频、3D虚拟等多种介质来表达，每一类遗产项目应具有相应的明确标识，类似于纸质地图中的标识，以增强非遗数字地图的识别度和认可度，为相关用户提供更多的有效信息，提高数字管理的效率。

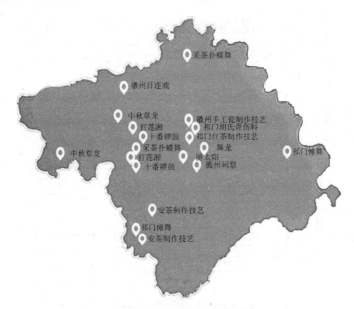

图6-15　祁门县非遗项目（部分）分布示意图

6.3.3 非遗数字地图的作用

数字地图是适应"互联网＋"的重要产物，随着移动互联网的普及，用户可以通过数字地图进行各类自助服务。非遗数字地图所承载的信息量大，能够以一种直观的方式向公众展示非遗所依存的地理信息及非遗资源分布，可供用户进行查询、检索、下载等。非遗数字地图是一种小型数据库,可以在不同的情境下实践应用。可在图书馆、博物馆、文化馆以及学校中进行展示性和互动性教育应用,主要用于非遗的学习、传承、查询等公益性服务。在非遗数字地图的基础上结合定位算法等对其进行扩展性提升,主要进行地图风格设计、地图切片、移动终端显示及非遗项目景点信息添加,呈现完整的徽州非遗项目相关地理信息定位系统。提升和完善非遗数字地图的功能,并进行创意加值,如旅游交通导航、文化旅游购物、地理信息定位等。

第 7 章 公益与市场：非物质文化遗产数字化传播

非遗的传播不仅是遵循传承文化的公益逻辑，同时也发挥着市场的作用，通过媒介，非遗资源被转化为大众消费的文化符号和文化内容，是非遗资源市场价值创造和再生的过程。因此，徽州非遗资源的媒介化呈现是一个有目的性的、针对消费需求的对传统文化资源的选择、呈现、转化和市场增值的过程。

7.1 非遗传播困境与模式选择

哈罗德·英尼斯认为人类传播的主要目的之一是对时空的征服，他所提出的时空偏向理论认为，传播媒介相应地存在着时空偏向性。"偏向时间"的媒介易于长久保存却难于运输，这种媒介重视"时间的连贯性"，"偏向时间"的传播社会拥有丰富的口语传统，个人以语言充分表达人类各种丰富的感情。人类的传播活动是非物质文化遗产存在的基本形式，以面对面的语言交流为主，这说明非物质文化遗产的传播具有时间偏向性，"遗产"这一名词同样说明了非物质文化的主要传播偏向。非物质文化遗产也会利用金属、石头等易于保存的客观物质充当载体，如传统手工艺技能实践，但人本身是它最主要的传播媒介，"人"集非物质文化遗产符号创造、传播、解释于一身。非物质文化遗产传播同样存在空间扩张，但不是为了征服空间，更多的是基于人类最基本的物质生活需要，体现在具有相同社会属性的人的"交往"中。王文章在《非物质文化遗产概论》一书中提出非物质文化遗产具有传承性与流变性两个特点。传承，即非物质文化遗产的继承，是指文化从一代人传到另一代人的文化传播过程，如民间艺术文化的时代传递、语言文字的历代传递等，体现了文化传承具有一定的人为性、时间性、延续性和继承性等特点，是一种纵向传播，更是非遗传播的重要组成部分。流变性贯穿于非物质文化遗产传承与空间传播双向传播过程中，是独特性、综合性、动态性、地域性四个基本特点对其传播影响与制约的具体体现。非物质文化遗产资源是具备历时性的活的文化，社会系统内的正常传播是其生存发展的本质属性,但是历时性的存在意味着其在一定程度上的传播困境。

在联合国教科文组织的推动和倡导下,国际社会对非物质文化遗产的保护、传播与利用愈发重视。2005年国务院办公厅颁布了《关于加强我国非物质文化遗产保护工作的意见》,明确要求"加强非物质文化遗产的研究、认定、保存和传播"。2011年通过并实施了《中华人民共和国非物质文化遗产法》,将非遗保护、传承、传播、利用等内容上升至法律层级,提升了非遗保护与利用的法理依据。在该法第四章中专门规定了"非物质文化遗产的传承与传播"。

第二十八条有"国家鼓励和支持开展非物质文化遗产代表性项目的传承、传播"。

第三十条有"县级以上人民政府文化主管部门根据需要……支持其开展传承、传播活动的其他措施"。

第三十一条有"非物质文化遗产代表性项目的代表性传承人应当……参与非物质文化遗产公益性宣传"。

第三十二条有"县级以上人民政府……组织文化主管部门和其他有关部门宣传、展示非物质文化遗产代表性项目"。

第三十四条有"……新闻媒体应当开展非物质文化遗产代表性项目的宣传,普及非物质文化遗产知识"。

第三十五条有"图书馆、文化馆、博物馆、科技馆等公共文化机构和非物质文化遗产学术研究机构、保护机构以及利用财政性资金举办的文艺表演团体、演出场所经营单位等,应当……开展非物质文化遗产……宣传、展示"。

从上述法律条文中可以看到,目前对非遗的传播主要是政府主导、社会和市场参与等模式下的组织传播、大众传播、人际传播。在政府的指导下由社会组织和传承人完成非遗的保存和传播,市场参与传播是通过产业融合、产品消费运作来实现的。无论哪种传播模式都是以人为核心、共时性和历时性交织的传播模式,但传播模式对非遗的本真性以及完整性等方面会造成不同的效果。非遗在传播过程中扮演着独特的社会功能,在传播文化的同时,也呈现出多彩多样的文化特质,传递着特定的社会价值观念,同样也促进了社会经济的发展,很多非遗在传播过程中就是文化产品的消费过程。当下政府的非遗工作原则是"保护为主、抢救第一、合理利用、传承开发",这就表现出了最大限度保存文化多样性的目的,因此从传播的角度看,政府更关注的是非遗的纵向传承和传播,并且对非遗选择了公益性的传播模式。同时由市场参与的另外一条传播路径则是从产业角度出发的传播模式。但二者并不冲突,而是相互促进的过程。

在传统社会中,非遗传播基本是以人为核心的传承与传播模式,当社会进入大众传播、数字传播时代,随着社会经济的发展,非遗传承与传播的文化场域遭到了冲击与破坏,新兴媒介消解了非遗的传播模式,经济文化的发展和媒介技术的介入消解了非遗传播由人构建出的传承与传播模式,非遗出现了传承危机和传播困境。

首先,一方面,非遗作为复杂的文化符号,是一种集体意识的表现,无论是传承人个体还是政府、社会组织都很难对非遗进行有效解释与准确传播。另一方面,非遗是一种活态文化形态,在传承与传播过程中可能会发生形式或内容上的变异,不同的传承人对同一项目的理解也会出现差异,故而传承人的传播会出现个体化的倾向,导致非遗文化事象的固化和同一化,从而失去文化活力。

其次,非遗所面临的场域是现代化——工业化、信息化和城镇化。非遗是传统社会的产物,多源于农耕文明,是以传统手工艺为依托的文化样式。非遗的表现形式和内容载体天然具有传统性。徽州非遗体现了传统文化、伦理道德,通常以传承人和手工艺品为载体呈现。非遗在传播时的"编码"符号体系和被受众所"解码"的符号意义都是在传统社会环境中形成的。现代化是一把"双刃剑",在带来物质丰富的同时,也严重压缩了非遗的传承与传播空间。

最后,新兴媒介打破了传统非遗传播过程的人际关系链条,即"人—人"共时性参与传播,即时交流与反馈。随着媒介技术的发展,非遗传播演变为"人—'场'—人"的传播模式,在地互动与即时反馈被"间接与远程"所替代。传播模式的流变弱化了非遗传受双方的在场性与互动性。数字技术的介入使得非遗传播出现"拟态化"的情形。李普曼认为,媒介构成的"拟态环境"不是对客观现实"镜子式"的、全面的和真实的反映,而是与客观现实发生了一定的偏差和位移。根据该理论,非遗通过新兴媒介进行的传播,呈现出间接化倾向,在内容上及审美上势必会产生偏差。

7.1.1 时间线性:历史挖掘与文化保留

将非物质文化遗产的传播作为一个"过程性"的行为——传播即动态的过程,该过程并非是指文化信息在时空中的直接扩散,而是在时空传播过程中维持其文化意义,因此,非遗传播是一种参与式、创造性以及共享性的过程,其意义不在于分享非遗的基本信息,而在于共享非遗所表征的文化符号和文化意义。

非物质文化遗产作为一种社会集体记忆,在传播中的内在形态主要是指传播内容所呈现出来的知识、意识、观念等具有文化价值的内涵。一般而言,在人类的传播活动中,非物质文化遗产无论是指口头传统还是表演艺术,无论是指某种礼仪活动还是传统手工艺,传播的具体内容均可以统括为寄载在形式内容中的文化内涵,是一种无形的意义表达。这种意义表达是非物质文化遗产的内在形态，蕴含在先辈们从日常劳动生活中产生的对生死、自然、天地的某种态度之中，因人类的代际传播活动成为了一代代人满足精神需求的文化记忆。

在联合国教科文组织文化遗产保护体系的构建实践中，均强调了文化遗产档案式保护的重要性。联合国教科文组织力求依靠《保护世界文化和自然遗产公约》(Convention Concerning the Protection of the World Cultural and Natural Heritage，1972年)之《世界文化遗产名录》、世界记忆工程(Memory of the World，1992年)之《世界记忆名录》、《保护非物质文化遗产公约》(Convention for the Safeguarding of Intangible Cultural Heritage，2003年)之《人类口头与非物质文化遗产名录》，囊括人类所有杰出的文化遗产，防止社会记忆的丧失。

从文化视角看，徽州非物质文化遗产档案体现了该文化区域内各类非物质文化遗产项目的传承谱系。《中华人民共和国非物质文化遗产法》中明确提出建立非物质文化遗产代表性项目名录，将体现中华民族优秀传统文化，具有历史、文学、艺术、科学价值的非物质文化遗产项目列入名录予以保护，并鼓励和支持开展非物质文化遗产代表性项目的传承、传播，而针对非物质文化遗产代表性项目所属地方政府和代表性传承人则提出了相应的传承与传播义务与责任要求。截至2017年，安徽省内共计收录非物质文化遗产名录(省级五个批次)共计532项，国家级四个批次共计88项，相关内容在地方各级政府的数字化平台、图书馆、档案馆、博物馆、研究机构等主体内均有呈现。以安徽省文化厅主办的"安徽文化云"[①]为例，用户可以在线浏览非遗信息，检索非遗项目及传承人的图文影音信息，可以直观地感受辖区内的非遗项目及了解传承人的相关信息。

徽州非遗档案是徽州文化符号和历史文脉的载体，具有很强的文化属性。在数字环境下，徽州非遗的档案式保护、数字文化资源建设和数字非遗传承与传播等各环节具有很强的内在联系。档案传播将非遗的历史脉络、现存状况归类整理并呈现，更新了非遗表现形式，是适应当下传播方式的最系统、权威、具有主流意识形态的非遗保护方式。非物质形态的文化遗产，多是人类历史有声的记忆、鲜活的承载以其形象的表现向人们传述着历史。[②] 非遗传播让历史跨越了时间线性，保留下了不同时代、地域、国家、民族的社会生活及其发展状况，并作为真实的人类遗存，对于历史考究和文化记忆补充、纠正具有重要价值。

---

① 安徽文化云：http://ah.wenhuayun.cn/beipiaoInfo/czfrontindex.do?module=WHYC.

② 蔡靖泉. 文化遗产学[M]. 武汉：华中师范大学出版社，2014.

非遗传播在时间线性上保留了人类回看历史的权力,是对优秀的传统文化资源的挖掘和保留。

7.1.2 空间广度:文化交流与价值再生

任何遗产都与"地方"联系在一起。严格地说,迄今为止,世界上还没有任何一类遗产可以不依靠地方而存在,即使是非物质文化遗产中的"信仰"亦不是凭空存在的,它与人群和地域同样具有依存关系。

斯图尔德在 1955 年提出"文化生态"的概念,阐述不同地域环境下孕育不同的文化样态,文化变迁就是文化融合与适应,强调人类文化与所处环境之间的关系。空间(Space)是地方(Place)的物理基础,在地方居民的认识经验、关注爱护、赋予意义并产生共同记忆的基础上对一个社会空间概念产生特定含义。① 徽州非物质文化遗产承担着一定历史事件积累过程中在徽州区域发生的人类活动及其产生的共同记忆,有效的非遗传播是人类共同记忆的符号化传播,使得彼时彼地的信息接收者获得文化共享者(文化记忆共享)的身份,因此得到对于此地的情感和记忆,从而产生对于特定物理空间的特定情感。

正如胡适所言,对徽人来说,有所谓小徽州与大徽州。小徽州即指徽州本土,大徽州则指徽州以外的华夏大地乃至海外的广大空间。徽州文化既发达于徽州本土,又活跃在华夏大地上。徽州本土的狭小促成了徽人的向外扩展。最初当是一种不得已行为,而后则成了一种社会风尚。② 传统的跨地域传播主要依靠人口流动,包括人口迁移、商业贸易、旅游访学等实际跨地域行为,一定区域内的居民作为区域文化的组成部分和传播个体,在"异地"成为区域文化的代言人和传播者。

空间上的文化传播又称文化扩散,美国学者将文化扩散分为两种类型,一种是迁移扩散,另一种是扩展扩散。③ 迁移扩散是指文化事象随着人口的迁徙从迁出地带入了迁入地,在地理空间上表现为不连续。扩展扩散是指文化事象以发源地为原点逐渐向四周散布辐射,在地理空间上表现为连续状态。前者契合于前文所述的大小徽州理念下基于人口迁移、商业贸易、旅游访学等地理空间不连续行为的文化传播,而后者则更倾向于形成同一类文化在相近区域内产生部分差别。以徽州绿茶制作技艺为例,目前被列入该项国家级非物质文化遗

---

① 郭鉴. 吾地与吾民:地方文化产业研究[M]. 杭州:浙江大学出版社,2008.
② 栾成显. 徽州文化的形成与演变历程[J]. 安徽史学,2014(2):109-113,121.
③ 周尚意,孔翔,朱竑. 文化地理学[M]. 北京:高等教育出版社,2004:192,177-178.

产的地区包括黄山市徽州区、黄山区、裕安区三处,在相似的地理、文化区域内,绿茶制作技艺因地方茶叶品类、饮茶习惯等差异,存在黄山毛峰、太平猴魁、六安瓜片的差异,而在具体的操作和历史文化记忆中,其承载的地方传统则大同小异,相互影响又相互促成。

这种地域条件的多元性一方面形成了地域文化差异和跨地域传播过程中的文化碰撞、交流、融合,是文化多样性的现实基础;另一方面,区域传播力量强弱不均的现实落差则影响着现实空间与虚拟空间的信息不对称。传播力量较强的区域,拥有较密集的传播媒介、更广泛的传播渠道和丰富的传播内容,高素质人才的比例较高,传播的品牌效应较为明显,则该区域文化的自我发展、自我超越的整合创新能力就较强;反之,传播力量较弱的区域,拥有较稀疏的传播媒介,传播内容、传播渠道的广度、深度的相对不足,对该区域文化向外扩散的流量有负面影响,直接导致该区域文化缓慢的发展速度和规模。现代媒介的发展使具有落差的区域文化跨越空间流动,为文化空间的拓展和交流提供了新的平台。[1]

面对非物质文化遗产所处的由现代传媒、视觉文化和文化产业等主流文化所构成的当代语境,我们需要采取措施对非物质文化遗产传统的自发式传承的方式进行促进、辅助与弥补。一方面,我们需要对非物质文化遗产传统的传承方式进行维持和扶持;另一方面,要以大众传媒、文化产业和现代教育促进非遗在当代的传承与传播。

而且,在视觉文化的影响下,"当代社会和文化越来越倾向于视觉化,这就导致了一个所谓'以形象为基础'的现实的形成"。[2] 所以,这个由传媒及其中的信息内容构造的"拟态环境"其实是一种以视觉为基础的环境,即一种"可看"的环境,这也意味着那些无法被"看到"的文化内容便难以进入主流的文化系统之中,难以进入人们的认知领域而逐渐被淡漠并忘却。[3] 针对不同的媒介形式形成的不同的媒介文化群体,跨文化传播更多的是一种虚拟层面文化语境的变化,以不同媒介的区分为主要依据。

徽州文化是我国三大地域文化之一,有着强烈的地理识别特征和丰富的文化底蕴。媒介的选择和呈现应遵循着媒介的逻辑,包括吸引力、娱乐性、视觉化导向等内容,不同媒介可呈现出不同的传播特征。自2002年专题纪录片《华夏文明》起,共计64档电视节目直接表现了徽州文化资源,节目数量呈现出阶段

---

[1] 李静. 论区域传播与区域文化的关系[D]. 成都:四川大学,2002.
[2] 周宪. 视觉文化的转向[M]. 北京:北京大学出版社,2008.
[3] 陈少峰. 非物质文化遗产的动漫化传承与传播研究[D]. 济南:山东大学,2014.

性发展与减少的特征,自媒体的介入使得创作门槛降低,同时大量的信息平台的出现给信息交流提供了上传、分享的空间,徽州文化资源的电视形态转化不仅是专业创作的垄断性创作过程,还有大量的用户生产内容出现,而徽州独特的地域自然风貌和文化内涵在公众心目中的认知度和忠诚度促使其成为2014年搭乘用户生产内容的浪潮,出现了一次明显的节目数量激增。2018年,再度出现了一次高潮,综合性节目增多,将徽州文化遗产与其他地域文化中的同类内容进行组合播出。目前与徽州相关的电影、电视剧作品以取景为主,典型作品有《菊豆》《卧虎藏龙》《武林外传》《徽娘宛心》《大清徽商》等,影片中对于徽州形象的呈现主要以传统建筑和历史人物背景为主要的借鉴模仿内容,将徽州的历史景观一一呈现于荧屏之上。囿于作品形式限制,徽州文化资源在这些作品中更多地被视为背景环境,以徽商、徽州女人为代表的历史人物设定和诚实守信、勤劳勇敢、团结爱国的徽人精神成为提供剧情环境和逻辑结构的历史资源。影视作品对于徽州非遗的展现通过其要素化的构成,选择典型文化元素进行呈现从而交代剧情的自然和历史背景,营造充分的历史细节和真实环境,具象化地表现了徽州文化的生态环境,并有利于在故事情境中对徽州文化资源有更为全面的了解。徽州文化遗产既是真实历史的见证者,同时也是影视作品尊重历史、制作精良的重要标志,一方面拓宽了徽州文化遗产的传播渠道,扩大了其影响规模;另一方面提高了影视作品的艺术水准和文化底蕴。以《菊豆》为例,作品以徽州山区内传统的染坊生意为载体,将人物命运与各种要素相对照,一方面,传统建筑的封闭独立给剧情的艺术创造提供了虚拟、独立和假定的空间;另一方面,徽州家族关系的封建传统为人物关系的变化和各种变故提供了历史背景。道德的悖论既是徽州封建思想背景下的历史悲剧,同时也是基于影视创作的艺术想象和选择加工。影视作品的假定性和艺术性属性使得其在创作过程中,必将对呈现内容有所选择和创造。以电视节目《极限挑战》为例,在其拍摄的徽州特辑中,大量地使用徽州地域符号,在现实生活中构建出了一幅典型的明清徽州图景。这种假定性和真实性的交叉是对艺术创作者专业水平和文化修养的考验,也是对信息消费者识别力、判断力和接受能力的一次考验。

相比较电影电视作品,纪录片的创作过程更加具有针对性,对于徽州文化遗产的表现更加突出其地域特征和属性,并在表现手法上更多地尊重历史性现实和现存真实,具有一定的档案意义。而相比较门户网站上公文式的记录和统计,纪录片的记录更具有形象化特征,通过对文化遗产的视听解读,热信息被加工传递。与徽州文化资源相关的纪录片作品中涉及的文化资源类型丰富,主要用以表现徽州人物、徽州传统技艺、徽州建筑、徽州饮食等内容。纪录片以解说加静态表现方式为主,部分加入创作过程和流程解析。以《大黄山》为例,全景式地展示了黄山的自然美景及其所代表的徽州人文景观。其中,"筑梦徽州"介绍了自公元 4 世纪中原文明南下,前后三次迁徙潮让一个个名门大姓扎根在山里的世界,黄山脚下的古村落和民居,连同与之相伴相生的传统工艺传递给世人一份以徽州为名的匠人精神和精美工艺合集,形成了独树一帜的徽州风格。

在媒介的发展推动下,非物质文化遗产传播的"意义空间"发生了衍变,从着重于文化共享过程与传承认同的初始意义,渐变为由媒介科技化介入之后的被表述、被干预的意义呈现。通过现代媒介传播的民俗艺术能够被媒介能动地反映与创造,而媒介技术的影像传播也造成了民俗艺术传播现场感的缺失与人际交流的淡化,媒介科技化与民俗艺术传播的互动关系将进一步促进关于民俗艺术传播"意义空间"的探寻、阐释与反思。[①]

7.1.3 跨越时空:整体性传播实践

非遗传播是一个典型的文化传播过程,在这一过程中,时间和空间相互交融,不同的传播方式在特定的时空内共同存在并彼此影响,在秉持非遗的人类学价值内核原则的前提下,将非遗的历史文化价值进行改编,使其符合社会文化价值,特别是在中国特色社会主义核心价值观指导下,需要传统文化的支持和历史的保证,民族的共同记忆是把握社会凝聚力、提供社会发展动力的重要动因。[②] 非遗由此在特定的时空环境下,表现为非遗本体相对稳定的传承形态和跨时空传播中提取、融合、变异的衍生形态。杨红在其研究中将这种非物质文化遗产及其衍生的文化意义包括人类无形文化创造呈现出类似于 DNA 的双螺旋结构,其中的两条主链分别对应非遗传承形态和衍生形态。二者在历史演进中不断通过"链接键"进行交替连接,以螺旋上升的方式围绕着共同的轴心盘旋衍生,形成双螺旋构型。[③] 两条主链缺一不可,且二者不断通过"链接键"进行交换、输送,是螺旋结构得以稳定并保持运动的基本条件,这些"链接键"即是传播渠道,其中包括了自发性的文化传播,也包括有意图的组织性的传播行为。

这里针对非遗传播实践提出整体性传播策略,非物质文化遗产整体性保护原则既是国家法律的指导要求,也是基于不同类别的非遗发展状况和发展现状,记忆型非遗项目与技艺型非遗项目二者属性不同,考虑到记忆型项目传播难以独立开展、传播资源有限等现实困难,因此,将"非遗"项目按照文化脉络整

---

① 李颖. 论民俗艺术传播的意义空间[J]. 民俗研究,2016(2):133-139,160.

② 张利群. 文学批评价值源发生学研究:"文学批评价值源研究"系列论文之一[J]. 语文学刊,2019,39(3):16-22.

③ 杨红. 非物质文化遗产展示与传播前沿[M]. 北京:清华大学出版社,2017:251.

合起来进行整体性传播,实现"1+1＞2"的传播效果,似乎是相对现实的选择。从传播理念、传播渠道、传播效果环节考量,非遗整体性传播分为三个模式:一是以政府为主导的文化项目宣传,该模式自上而下,单向度传播,以政府为非遗项目的代言人,非遗项目在传播过程中则可能会出现失真、失语的状况。二是以市场为主导的"非遗"项目自发性的商业传播,该模式以市场利益为出发点,选择具有市场属性和生产属性的非遗项目进入传播过程,而忽视了没有商业价值的非遗项目。三是协同式整体性传播,市场、政府、民间、学术等各主体协同,以文化发展和传承为着眼点,兼顾各主体之间的利益诉求,又推动非遗的传播进程。整体性传播范式下,从政府的文化事业发展角度出发,能够聚集更多的专业经济、政策、学术因素给予非遗项目支持,而从项目参与者、传承人的角度出发,市场准入、传播平台等硬性条件的限制降低,个体发展困境得以解决,能够更专注于非遗项目本身,不仅有利于保证非遗的"原真性",还有利于个体在良好的时代氛围下创造出新的时代内容。这是文化生态学视角下的必然,文化产生于人类生活,也在人类生活中发展演变,时代演变不能改变的是文化发展的本来属性。

7.2 公益与市场:非遗传播的两种逻辑

7.2.1 公益逻辑:文化认同与传承

非物质文化遗产可以理解为经由人体符号以及物质载体在人类个体或群体间世代相传的遵循相对固定编码和解码方式的文化信息。[①] 非遗在传承过程中形成了自身独特且完整的符号系统,每一项非遗都是一个文化符号群落——具有独特的符号意义系统。非遗的形成是一定的文化内核附着在物质成分上的过程,经过普遍认同,生成了约定俗成的符号意义。正是符号将非遗构建为一个完整的意义体系,通过符号意义的生成以及符号与符号的关系形成了其完整的文化意义系统。

联合国教科文组织发布的《保护非物质文化遗产公约》在对非遗概念界定时指出:"这种非物质文化遗产世代相传,在各种社区和群体适应周围环境以及与自然和历史的互动中,被不断地再创造,为这些社区和群体提供认同感和持续感。"

---

① 何华湘. 非物质文化遗产的传播伦理问题初探[J]. 社科纵横,2013(1):115-118.

认同(Identity)通常被译为身份或同一性,以表达"我"或"我们"是谁——个体或群体的归属。认同从本质上来看,是对文化意义的认同,这种文化意义又可以被看作"集体记忆"。认同是社会建构的产物,一个人要在与他人的交往中构建个体的认同,就必须和这些人共同生活在集体想象的"文化意义体系"中。如何将这种文化意义或者"集体记忆"循环或再生产,使之得以被传递和认同?非物质文化遗产作为一种集体记忆,它的建构是一个长期的、多面向的进程,既有从当下到过去的诠释,也有过去对当下的启示,它是由文化遗产所在地的民众共同构建的。当地民众通过横向人际传播和纵向家族内部传递,将遗产知识和信息保存和传承。虽然当地民众的遗产记忆在表达上具有个人化、碎片化的局限,但这些嵌入日常生活的个体记忆却具有建立个人与地方场所之间关系的关键作用。虽然这些表述和记忆不具有专业性和权威性,但是作为民众对遗产的认同和理解具有正当性和合理性。当地民众根据自己对文化遗产知识的理解和实践经验,利用自己的闲暇和知识盈余,运用民间叙事的视角,在一定程度上弥补了学者阐释的不足。

在传统环境中,身体被视为文化记忆的载体和媒介,作为身体语言和头脑记忆,把文化形态形成某种习惯使回忆变得稳固,并且通过强烈情感的力量使记忆得到加强。非物质文化遗产正是通过口传身授的方式进行传递与传承的,作为一种文化记忆,是当代人得以产生认同的"文化意义体系"。没有记忆可以裹上樟脑,免受蠹虫的侵害。① 就目前的文化生态而言,非物质文化遗产的循环、传递以及再生产必须借助外力——介质载体,随着这些媒介不断变化,记忆的形态也不可避免地随之发生变化——口传、书籍、电子、数字,每种媒介都会打开一个通向文化记忆的特有的通道。当下管理和传递非物质文化遗产的,不再仅是族长、家长或遗产传承人,而是借助时代载体——数字媒介等。数字媒介下谁能保证非物质文化遗产知识和信息的真实性和完整性?协同过滤。即由一群"聪明的乌合之众"对遗产知识进行补充、审查和过滤,数字媒介平台上的每个人都具有自己的知识库,而公众之间的知识有交叉,也有互补,恰恰互补的部分正是知识协同的前提。平台之上,每个人贡献一点知识,聚沙成塔,最终会对某一文化遗产现象做出全面而准确的阐释。② 这种公众参与,让个体不仅仅是信息的接收者,还是非遗文化的参与者,使得非遗传播活动既在现实空间也在虚拟空间中完成典型的仪式传播过程。这种共同的信息空间,参与者不仅

---

① 阿莱达·阿斯曼.回忆空间:文化记忆的形式和变迁[M].北京:北京大学出版社,2016:8.
② 秦枫.新媒体环境下科学传播分析[J].科普研究,2014(1):20-25.

是信息的传播者,同时是信息的接收者、评议者,多种身份的叠加是对个体社会化认知的一次信息轰炸,同时是对个人自我认知在单位时间内的集中刺激,信息的接受程度提高,同时集体认同程度即自我群体归属感相较于普通传播方式高,这种参与式的高密度信息环境更便于信息的渗透和快速完成自我的反思过程。

总而言之,非遗是被特定的社区、群体或个人世代传承的传统,隐藏在这背后的意义其实是某项非遗不在该社区、群体或个人"之外"的传承。"所有的文化群体都会相对于其他群体来定义自身,他们或强调自身文化上的血缘关系或血统,或强调对其他群体的反对或敌意,以此建立认同感。"非遗使其共享者、传承者或传承群体确认某种共性与差异,并带给他们心理上的认可和归属感。"无论你的政治态度如何,无论你的年龄、性格如何,无论你有怎样不同于其他人的经历,无论你处在如何异样的生活环境中,非遗总会无形地把你同一定社会群体、一定民族牢牢地联系在一起,这是一个民族的每一个成员文化认同的依据,是整个民族所有子民的情感的'最大公约数'。"我们对非物质文化遗产的认同,从微观上体现为传承者或传承群体对某项或某些非物质文化遗产的认同,非遗为传承人或传承群体提供一种归属感;从宏观上来看,非物质文化遗产是中华民族优秀传统文化的重要组成部分,当我们将其作为一个大的文化整体看待的时候,非遗便成为整个中华民族的认同载体,为中华民族提供文化上的归属感。①

公众借助数字时代的便利,在虚拟空间上对于没有经验背景的"异乡"文化进行认同,这样的传播过程不仅体现在非遗传播中的时空变化上,还体现在传播内部非遗从传承态到衍生态的变化,以及传播参与者在文化活动中的身份与行为上。

7.2.2 市场逻辑:符号资本与经济

自从人类社会步入 20 世纪,随着后工业经济的发展,文化的地位愈发的重要,文化已俨然成为与政治、经济并肩齐驱甚至大有超越二者的趋势。随着后现代主义社会的到来,这个时代最重要的变化就是"消费社会"的出现。法国著名哲学家、后现代主义的理论宗师让·鲍德里亚(Jean Baudrillard)提出,消费社会的显著特点——在商品的使用价值和交换价值之外,更加注重商品的"符号价值"。后现代社会的关键词是"仿真",在仿真的逻辑支配下,追求非物质劳

---

① 陈少峰. 非物质文化遗产的动漫化传承与传播研究[D]. 济南:山东大学,2014.

动的符号开发层面,即追求产品文化附加值。①

当然,在后现代社会注重"仿真"逻辑的价值,符号消费下注重"符号"的价值,这并不是在文化产业的发展中反对"生产"和"物质"的价值(笔者本身对法兰克福学派的"文化工业"一说持中立态度),反而在文化产业的发展中依赖于工业的生产基础。这里一方面可以理解为在物质本身的价值上追求潜在的符号价值,另一方面又是在无形的符号价值中结合物质产品创造出更高的经济价值。总之,符号消费下的符号必须有一个"载体"来承担其所需要表达的文化价值,或再造或复制,不断延伸文化的价值链。

同样,后现代主义的到来,文化不断深入发展,促进了符号学与人类学的不断碰撞与融合,在人类学家与符号学家的不断努力下,符号人类学应运而生,并在20世纪后期取得了快速发展。人类社会现状昭示了"符号"对于社会文化发展的决定性地位。②这些在文化领域的创新,为文化发展注入了新的活力,为社会经济带来了新的增长点。

纵观国外文化,当中充斥着"星球大战""哈利·波特"诸如此类的代表,这些成功的文化符号构建,不仅为人类的生活烙上了思想的印记,为文化的传播提供了平台,更是迎来了高额的经济效益。它们"均是借用最人气指标和知名度的符号能指,采用一种类似去伪存真的探索程序去改变符号所指"。因此,本书以徽州文化资源作为研究对象,从符号经济的视域下探究文化品牌的构建策略。

正如恩格斯所说,每一次重要的观念革新都必然会伴随着术语的革命。鲍德里亚在1972年出版的《符号政治经济学批判》一书中提出"符号的政治经济学"理论,开辟了符号经济的视野。后来由美国经济学家彼德·德鲁克于1986年正式提出了符号经济的概念,他将经济系统分为两种,即实物经济和符号经济。

在当代的消费社会符号经济视域下,开拓文化产业并取得一定成绩,不论其是隐喻的符号渗透还是符号旗帜的高调打出,其实质都是以提高文化产品的附加值从而促进经济的高速发展,最后获得了成功。同时,以信息时代的角度来看待符号经济的发展,将会拓展出更大的潜在增值空间。符号经济集合了非物质化的信息、媒介、生态、都市、文化、环境、旅游、休闲、形象等经济的典型信息系统要素与创新元素,尤其是数字化、数字文化组合后的数字制造业、信息产业核心技术的进入,全球化信息社会的形成,市场经济信息传播力、文化博弈力的组合,它更是在本土文化资源整合的文化资本扩张中有着国家战略产业与核

---

①② 叶舒宪. 文化与符号经济[M]. 广州:广东人民出版社,2012:10-11,174.

心竞争力的主导力量,形成知识服务业的国家创新系统,深刻地改变着商业模式与商业资本。①

作为一个整体的徽州文化资源,不论是作为一个区域不可再生的文化名片——历史文化资源,还是具有极大自然力的生态文化资源,抑或是地方特色文化资源等,随着时代的发展,它们都面临着一定的发展风险与发展契机。如徽州历史文化资源的代表——徽州三雕(这里不是指代雕刻的技艺手法,仅将历史遗存的徽州三雕作品作为研究对象),随着时间的推移和对其保护措施的有限,面临着损坏消失的极大风险。又或者是作为地方文化资源的代表——徽州民俗,随着外来文化的冲击,本土文化不断朝着一元化的方向发展,将面临着地方文化被同化的风险。

根据非遗传播的不同方式和影响,以及官方非遗的类别划分,可将非遗"议题"分为以下三类:

第一类是不以表演性为主要展示方式的传统知识和文化形态,以民间文学为主要代表项目。这一类非遗项目包含传统文学形式和文学作品,是极具抽象性的非遗项目,同时也是凝结着丰富、深沉的文学内涵的非遗项目。其在传播过程中要求信息的传受者均具备较强的历史、文学功底,才能够顺利地完成信息的编解码过程。在大众传播过程中,这一类非遗虽然客观存在,但鉴于编解码的困难程度,其在一般性的非遗传播中所占据议程重要性较低,主要在特定的群体内进行传播,共享文化内容。

第二类是具有可操作性、可表演性的文化形态,包括传统音乐,传统舞蹈,传统戏剧,曲艺,传统体育、游艺与竞技,民俗。其可操作性和可表演性能够最大限度地直接满足人民的文化需要,既与文化需求相契合,新的产业化转型发展,也是其在传播过程中搭载着经济的快车,成为与文化经济联系最为密切的部分,还是非遗议程设置中最直接、信息量最大、重要程度最高的内容。

第三类是具有生产生活物质使用价值的非遗内容,包括传统技艺、传统医药、传统美术。一方面其技艺本身和所用材质是地方特色的体现和地方历史的见证,另一方面其以实物为依托具有实际的功能性效用。非遗传播不仅是实物本身的使用场景和扩散范围,还包括其宣传、影响领域,以"实物"的功能效用为依托,直接参与社会生活和生产活动,创造使用价值的基础上承载历史记忆和文化内涵,相较于普通功能性用品,这类物品的宣传更强调项目文化背景和非遗身份,是最日常化、衔接性最强的一类"议程"。

---

① 皇甫晓涛. 符号经济与数字文化的国家创新系统[J]. 江西社会科学, 2005(11): 22-25.

非遗传播中的这三类典型"议程"分别对应着不同的传播媒介、传播特征、传播内容,各种媒介并行不悖,相互独立又彼此影响,单个"议程"的顺利传播是整体传播效果得以实现的基础,而整体的"徽州形象"传播效果是每个"议题"的共有属性和同一目标。议程设置一方面管理着媒介信息的内容,另一方面管理着大众传播内容的重要程度,这对品牌的认知度、知名度有重要意义。通过议程设置,非遗传播行为传递出"非遗"文化在大众生活中的信息数量和重要程度,从而建立文化品牌和区域形象。

非物质文化遗产具有明显的地域性,非遗传播对受众的影响在地域观念下,又可以分为域内受众和域外受众,非遗传播对域内受众的影响能够基于完整的社会生活环境和自我身份的原生性认同,对于域外受众,更多的是品牌植入式影响和认同。对于域外受众的区域品牌植入,一方面来自于非遗对地方的标识作用,表明地方的历史文化底蕴和文化生态环境;另一方面,是区域文化品牌的生产力价值。在非遗传播活动中地域性被赋予在每个具象化符号上,体现在每一个"徽州议题"上,在传播过程中用以表明、丰富文化地域概念,从而让文化有所指、有所追溯,当文化有了具体的指代对象,才能在公众生活、工作中得以体现,参与真实生活,并以一种具体和有效的方式进行传承。

以真人秀节目为例,《非凡匠心》在徽州特辑中,以徽州木刻技艺为切入点,呈现出歙县古城的民俗生活氛围、徽州木雕技艺传承人及创作活动。一方面,与木刻技艺相关的自然空间、人文环境、木刻技艺及传承人等具体形象,都被纳入"徽州"话语环境内,由此建构出的徽州地域概念得到明确指向。另一方面,徽州精神文化内涵,包括徽州文化中的"小桥流水,灰瓦白墙"的生活空间,沿袭千年的"复归于朴"审美风尚以及区域内居民的精神状态,特别是传承人群体"匠人精神"的体现,是节目对徽州空间、徽州人物、徽州精神的集中体现。真人秀节目透过文化区域景观的再现,成为观众媒介事件的想象来源,凡节目中出现的不论购物、文化遗产与游戏场景,都是节目受众跨空间、跨界遥望的依据。[1]

当然,在传播过程中,被赋予文化意义的特定空间不仅建构出特定的文化语境,也为人们的行为提供特殊的意义,构成文化体貌特征以及与其他社会发生互动过程的完整形态。所以,对"地方"的理解不能只注意地方民众的生活形态,还必须将其与历史、社会政治组织结构中的生活形貌结合起来。在当今社会,地方与地缘性认同都成为全球化解释的根据。

文化传播与国家形象的关系可谓紧密相连,非遗传播作为文化传播的主要

---

[1] 黄雯. 地域文化视觉艺术表达范例:从电影《菊豆》看徽文化的展现[J]. 当代电影, 2012(12):127-129.

组成部分,是树立良好国家形象的必要手段之一。"国家形象是国家的内部要素与外显形态的总和,是社会公众通过一定中介形成的对一个国家的总体印象、认知、认同与评价,是社会公众对国家的主观认识,反映了社会公众对一个国家的认同、喜好和支持的程度。"《中共中央关于全面深化改革若干重大问题的决定》提出:"提高文化开放水平……扩大对外文化交流,加强国际传播能力和对外话语体系建设,推动中华文化走向世界。"传统文化作为中国文化的一个重要组成部分,由于其历史的厚重感,是国家形象极好的识别标志,因而也具有极其重要的对外传播意义,例如长城、功夫、孔子、中国菜、昆曲、汉语等传统中国元素,人们一想到它们,就会想起中国。徽州文化是中国三大地域文化之一,在中国文化历史上占据举足轻重的地位,明确的徽州形象与概念内涵有利于民族精神、国家形象的寄托和承载。

目前学术界对于区域品牌的相关术语表达尚无统一,国内外学者也在各自的研究领域内有过相关的界定。Rainiso 研究认为区域品牌是指一个区域借助其独有的吸引力来建立区域识别。而 Shimp 认为区域品牌是一个由名称、标识和声誉等构成的、向其消费者提供所有区域产品的组合。在国内,洪文生主张区域品牌是指在某一地域上形成并具有一定生产规模和市场竞争能力的以原产地域为名的品牌。就形式上而言,区域品牌应当包括"区域名"和"产品内容",内容上泛指以地域命名的公共品牌,包含国家品牌、地区品牌、城市品牌和目的地品牌等。

前文提及的非遗传播为地方概念标的功能,为非遗符号的地域身份提供了原生性基础,所以以非遗为基础的区域文化品牌又可以理解为产生于某一特定地域内,并在大众传播环境下具有一定受众基础和市场潜力的非遗项目集群,借助"地方"政治经济活动,为域内外生产、经营该类文化内容的主体所共同拥有和使用的,形成的具有较高的区域形象和影响力的整体品牌。其中包含两个要素,一是"区域",二是"品牌"。"区域"是指文化的区域属性,在这里指非遗产生和发展的区域环境,即其所标的"地方",反映区域内的自然和人文环境。"品牌"指其品牌效应,此处指代非遗传播受众对区域文化形象的认知和效果。

根据联合国教科文组织关于非遗的定义,非物质文化遗产是指被各群体、团体、有时为个人所视为其文化遗产的各种实践、表演、表现形式、知识体系和技能及其有关的工具、实物、工艺品和文化场所。非物质文化遗产中深深蕴藏着其所属民族的文化基因、精神特质,这些在长期的生产劳动、生活实践中积淀而成的民族精神,是世代相传沉积下来的民族的思想精髓、文化理念,是包括民族的价值观念、心理结构、气质情感等在内的群体意识、群体精神,是民族的灵魂、民族文化的本质和核心。因此,非遗的文化价值包括非遗在人们的文化(或精神)方面(与经济、政治相对)具有的意义和价值。文化价值是非物质文化遗产的灵魂。这里的文化价值涵盖的范围极其广泛,包括艺术审美价值、历史传承价值、科学认识价值等。关于非遗的经济价值,主要是指将非物质文化遗产中有条件的文化资源转化为文化资本,从而产生经济效益。一些徽州非遗,其产品在产生之初就进入了市场,并且遵循着市场的发展规律,如徽墨、宣纸、宣笔等。有的非遗在自然发展过程中,直接或间接地进入市场,受市场的制约相对较小,如传统节日类、记忆类非遗等在演艺、旅游行业中的助力。因此,非遗具有经济价值这一点是不容置疑的。

文化资本最早出现在经济领域,主要指企业文化,强调企业的发展理念、管理模式等对企业发展的推动作用。随后,社会学家科尔曼(James Coleman)将"文化资本"概念引用到社会学领域,又称为社会资本,强调文化资本主要是集中在企业家个人身上的不可计量的人力资本。[①] 布迪厄(Pierre Bourdieu)又把文化资本作为一个独立的社会学概念,强调文化资本是交易系统能够赋予权力和地位的积累文化知识的一种社会关系[②],即文化资本作为一个转换的手段被运用到社会之中,通过文化资本,社会成员获得他们期待的地位和权力。非遗是一个具有多重属性的社会存在,它不但是人类创造成果的长期文化积累,而且本身就具有向经济价值转化的张力。在这个意义上,非遗与布迪厄所讲的文化资本有较强的一致性,或者从根本上说非物质文化遗产就具有文化资本属性。不同类型的非遗由于自身形式、内容等特点,其发展张力不同。对于非遗,文化资本是一个强有力的跳板,通过这个跳板,非遗将自身的文化内涵与物质以各种形式融合在一起,从文化领域进入到经济领域。文化资本为新时代背景下非遗内涵的传播与非遗经济价值的实现提供了可能。[③] 市场环境中,文化资本符号与其文化价值的创造与再生并非文化进入经济、政治环境的一种适应,而是文化自身的一种形态呈现与发展。[④] 文化的经济价值与政治价值在日常活动过程中统一于文化符号一体之中,但是在具体的社会生活实践过程中,在不同的应用环境下,文化会呈现出不同的属性主导价值。文化资本是文化在参与社会经济活动的过程中,以自身的独特的资源属性和资本价值水平参与价值交

---

① 科尔曼. 社会理论的基础[M]. 邓方,译. 北京:社会科学文献出版社,1999.
② 布迪厄. 国家精英:名牌大学与群体精神[M]. 杨亚平,译. 北京:商务印书馆,2004.
③ 朱晓华,韩顺法. 非物质文化遗产的文化资本属性及发展新范式[J]. 河南教育学院学报(哲学社会科学版),2018(6):19-25.
④ 李义杰. 符号创造价值:媒介空间与文化资源的资本转换[M]. 杭州:浙江大学出版社,2016.

换。而由资源到资本,由文化逻辑到资本逻辑的转变,中间需要经由媒介的逻辑。①

通过媒介,文化资源被转化为大众消费的资本符号,这是文化资本符号和资本价值创造和再生的过程。因此,对于传统文化资源的选择、转化、呈现并扩散的过程,对于徽州非遗资源的媒介化呈现是一个有目的性的、针对消费需求的过程。只有被截取为视觉、声音等多方面的固定形象和精神、内涵等能够依附一定的经济产品满足消费者的需求,在"贸易"活动中完成价值的表现,实现经济活动的重要一跃,才是有效的传播。与具有恒定形态的物质文化遗产不同,非物质文化遗产在传承过程中随着时间推移和地域转换,为适应不同的文化环境和社会需求而处在不断地变化中,这是其在发展过程中所固有的属性,也为其资本转化进程提供了可能性。经济活动过程中,具体的经济行为已经产生便是固定的,但是对于不同的消费者、消费环境,其所呈现的最低信息量阈值一定是非遗资源的"最大公约数",即满足人的物体恒常性(Object Constancy)的最少信息量。由此,在资本符号建构的过程中,为保持这种恒常性的正常工作,既要注重文化资源本身的符号挖掘,也要依照消费者视角搭建"参照框架"(Frame of Reference)。

7.3 数字媒介下非遗互动传播

对于人类自身而言,互动是人类信息交换的基本方式,基于人类的本能特征和社会属性来说,互动性是一种存在的本能。依托于技术的发展和改变,"互动本能"在不断延伸。从广义上来说,互动传播是指信息的传播者与信息的接受者之间相互交流、相互作用的活动过程。信息的传播者通过发送内容对信息的接受者产生影响;反之,信息的接受者通过反馈对信息的传播者产生影响。在互动传播中,受传者之间通过互动相互影响,打破传统的受传关系。在抖音平台上,视频的发布者与视频的观看者之间可以进行有效的、及时的互动,因此具有明显的互动传播的特点。

短视频平台简单易操作性使它成为了当下传播非遗的有效途径之一。由于抖音为用户提供了强大的自我创作的工具,创作门槛被降低,这些用户发布的与非遗内容相关的短视频为非遗的传播提供了源源不断的内容支持。在这

---

① 李义杰. 符号创造价值:媒介空间与文化资源的资本转换[M]. 杭州:浙江大学出版社,2016.

里,还需要明确一下非遗短视频用户的界定。笔者认为,非遗短视频的用户既包括"非遗爱好者""非遗传承人",也包括诸如 PGC、MCN 等专业短视频团队。

在海量的非遗短视频中,总体可分为三类:第一类是用户自制的非遗短视频,这些非遗短视频在叙事手法、影像质量、拍摄技巧上相对来说较为薄弱,但是他们为非遗短视频的生产奠定了数量上的基础。第二类是专业机构制作发布的非遗短视频,这类非遗短视频侧重拍摄某一项具体的非遗项目,记录某项非遗技艺的制作过程或者展现某项非遗艺术的魅力所在,这一类视频以非遗为审美对象,能够充分展现非遗的美学特征及其包含的人文情怀,它们通常由专业的团队精心打造,此类非遗短视频画面优美、画质清晰、制作精良。第三类则出自于当下一批专注非遗制作传播的 MCN 公司,他们在专业团队打造高质量非遗短视频的基础上,更加关注非遗传承人及其账号的运营、商业变现等问题。

7.3.1 非遗短视频的互动主体与内容生产模式

1. 非遗爱好者:UGC 构建双重身份参与者

在抖音平台上,非遗的传播和以往传统文化的传播有所不同,它通过特效滤镜、背景配乐,营造出古典、美轮美奂的风格,这符合当代人群的审美特征和心理需求。由于短视频的门槛较低,UGC 模式下让非遗爱好者既是视频内容的生产者,又是非遗内容的积极互动者。这类人群热爱非遗文化,虽然他们无法拍出高质量、长时间的非遗纪录片,但是短视频的模式可以让他们根据自己的喜好,随时随地记录生活。像用户"@京剧演员王梦婷",她只是在抖音上记录、分享自己的日常演出情况和后台准备情况,没有复杂的镜头,没有华美的台词,只是随心记录日常,该账号现已获得了 641.1 万的点赞数;又如"@杨燕记录非遗",她在简介中写道:"本人是地道的农民文艺爱好者,喜欢记录传承老艺人的专业文艺老师们的打击乐文化。"虽然没有专业的拍摄团队,没有经过专门的后期处理,但是像该账号类型的用户依旧是非遗短视频互动的主体之一。

点击话题"非遗合伙人",可以发现普通 UGC 用户更多,他们也拍摄了大量非遗短视频。这类互动主体发布的非遗短视频质量相对较弱,点赞、点评数等均不如有专业团队拍摄的非遗短视频。但事实上,这类互动主体主要承担的是互动的职责,他们会积极在他人视频下分享自己的看法与见解,也会积极展示自己对非遗文化的喜爱。像用户"@喜欢国粹京剧!红霞",就喜欢将自己唱京剧的片段拍摄成短视频发到抖音平台上,这样既分享了自己的爱好,也能结识到更多像她一样喜爱京剧的朋友。因此,大多数普通 UGC 用户事实上都是非遗文化的爱好者,但由于视频制作能力不够成熟,所以不管是视频质量上还是粉丝人数上均无法与专业团队媲美。

2. 专业自媒体：PGC 提供优质非遗内容

PGC 指的是专业生产内容，即由专业个人或专业团队有针对性地输出制作精良的内容。一般来说，PGC 更加专业，制作效率也更高，因此可以为观众们提供更为专业的非遗短视频。

在抖音平台上，除了非遗短视频，还有众多其他类型的短视频，在面对其他类型的短视频高产的视频量时，如何在"网红""明星""小鲜肉"等天生自带流量的抖音短视频中获得更高的关注量成为了新问题。把内容生产的问题交给专业的 PGC 团队，可以带来更高的视频收益。例如，用户"@四川非遗"是四川省非物质文化遗产保护中心的官方抖音号，且由专业团队进行内容生产。目前该账号已发布了 453 条非遗短视频，大多数展现了四川省内如川剧、武术、蜀绣、竹编等省级非遗项目。点开每个视频，可以发现大多数视频拍摄手法纯熟，剪辑流畅，专业化、高质量的非遗短视频符合现代人的审美需求。又例如，抖音官方在 2020 年初的时候推出了三部竖屏的非遗记录短片，包括《老手》《追影》《走丢的神仙们》，系统展示了华县皮影、芜湖铁画、杭州刺绣、富阳油纸伞、雷山银饰这五项非物质文化遗产。专业的拍摄团队、动人心弦的文案、娓娓动听的旋律、精良的制作手法，将非遗文化的美展现得淋漓尽致。

与普通 UGC 模式生产的短视频内容相比，PGC 模式可以兼顾短视频的艺术性和价值性，引发人类更深层次对于非遗文化的思考，因此也使得非遗短视频更具专业性和美感。

3. 内容运营商：MCN 打通非遗变现链条

MCN(Multi-Channel Network)行业最初起源于美国，被翻译为多频道网络，最初是由迪士尼在 2014 年以 5 亿美元的价格收购了 Maker Studios(内容生产者联盟)，从而受到资本的青睐与关注。在中国，近些年 MCN 迅速成长且发展迅猛，MCN 将"红人"们组织起来，以其"经纪人"或者"中介"的身份作为"内容生产者"和"广告主"的枢纽，提供内容拍摄制作策划、运营营销、版权管理、运营维护等方面的服务。这不仅可以保持视频内容的高效输出，更提高了短视频平台的信息价值和传播效率。从本质上来说，MCN 是一种 IP 红人经济的新兴模式，其核心是以情绪为资本，从粉丝的情感出发，由品牌方借助网络红人的力量，通过设计短视频的内容为商品进行情感溢价，再通过意见领袖的权威对粉丝进行情感上的劝服，从而使粉丝用户产生购买的行为。MCN 机构可以为内容生产者 PGC 和 UGC 提供优质的内容整合服务和分发服务，打造优质的专业内容矩阵，吸引大量的广告商。

非遗短视频若要想持续保持高质量的内容输出，则必须在内容上多下功夫。但是，整个抖音平台日均作品创造数量庞大，即便是已经爆红的个体非遗传承人,想对用户保持长期的吸引力也是非常困难的。因此,通过 MCN 机构,采取抱团式的方法可以使非遗传承人获得长久的关注力度。

一些非遗短视频制作机构 MCN 通过签约大量非遗短视频内容生产者,打造账号矩阵,形成非遗内容生产者联盟。通常情况下,一项非遗项目对应一个 ID 账号,但是这个 IP 并不和某一个非遗手艺人绑定,而是代表着这项非遗项目的整个行业。例如:MCN 机构"奇人匠心"在 2018 时创立了抖音号"油纸伞大师",该账号通过签约全国范围内优秀的油纸伞大师,因而形成了一个完整的非遗油纸伞内容生产联盟,该账号已经发布了 291 条油纸伞相关内容,累计获得点赞 1081.7 万,粉丝数为 110.3 万。一些已经出入拍卖场的非遗大师,MCN 机构也会为他们打造个人品牌的 ID 账号。

MCN 模式下,给非物质文化遗产的传播提供了新路径,非遗文化延伸的文创产品也获得了新生。MCN 机构还要负责能够获取广告收益的内容创意,帮助每位非遗传承人打造个人品牌,将单纯的用户流量转化成为可以长期运营的用户关系,从而形成一个完整的产业链。

"非遗合伙人"从 2019 年推出,目前站内共认证非遗传承人 380 多人,其中国家级非遗传承人 50 多人。在这些具有认证的非遗传承人中,共有 5 位非遗传承人达到百万元以上收入,40 多位非遗传承人已经有百万粉丝。抖音平台也深耕电商领域并拥有自己的电商产品。像抖音购物车、橱窗商品、直播橱窗等,用户可以在观看短视频或者直播的同时,直接点击视频中的链接购买商品。例如,非遗短视频制作 MCN 机构"寻古"旗下的账号"@闻叔的伞(寻古)"在抖音上架油纸伞链接的第一个月,月收入就超过了 10 万元,现"闻叔的伞的橱窗"里共有 24 个在售商品,"闻叔的伞"在非遗油纸伞中也形成自己的品牌价值。

MCN 机构可以更好地打通非遗的变现渠道,给拥有实体化产品的非遗项目更多的变现机会。通过 MCN 机构加以抖音平台的流量扶持,非遗短视频不仅可以更好地记录、展示和传播非遗,而且还能帮助非遗手艺人、非遗传承人搭建平台,提供非遗产品的销售渠道,增强变现能力。

7.3.2 非遗短视频用户互动动机

除了对非遗短视频的互动主体——用户的身份进行分析,笔者还通过参与观察的方式并结合马斯洛需求动机理论,对非遗短视频用户互动动机进行分析,以便更好地探究非遗短视频用户的互动传播机制。

根据马斯洛的需求动机理论,可以将人类的需求分为生理需求、安全需求、社交需求、自尊需求、认知需求、审美需求以及自我实现的需求。抖音平台能够满足不同层次群体的使用需求,不同的用户会根据自身需求去与他人进行互动。像非遗爱好者，可能只是出于对非遗的喜爱，拍摄非遗短视频纯粹是始于兴趣；但像一些专业团队拍摄高质量的非遗短视频，其中含有一定的利益因素。总体上来说，非遗短视频用户拍摄短视频的动机主要有以下三种因素：

1. 情感因素：志趣相投的聚集地，沟通情感

马斯洛认为，人是社会的动物，人不能离开群体独自生活，人处于一个集体中时会渴望与他人建立一种关系，从而产生群体归属感。抖音为众多用户打造了一个跨越时空界限的"线上平台"，这里是众多非遗爱好者"志趣相投"的聚集地。通过对"非遗合伙人"计划下非遗短视频的参与式观察，可以发现，分享彼此之间的喜好、沟通情感是他们选择用抖音短视频进行非遗传播活动的动机之一。例如，用户"@非遗竹编老李（鸿铭阁）"在个人简介中写道："匠心独运，竹编非遗传承人，现有51年竹编手艺，希望能传承匠心文化，想学习的可以联系沟通，谢谢大家支持！"又有用户"@非遗时光"表示："抖音是一个交流分享的平台，在这个平台上我可以拍摄自己感兴趣的内容，平台也会给我推送我感兴趣的非遗短视频，因此我结交到了许多志趣相投的好朋友，非常感谢抖音平台。"

由此可以发现，通过发布非遗相关的短视频，可以结交到有相同兴趣的朋友，通过与他们的互动，可以获得情感上的满足，这是抖音平台非遗短视频用户互动的动机之一。

马斯洛需求理论还指出，得到他人的尊重是一个人自信的前提，当他们的成就或者个人能力得到别人的认可时，他就会反过来对社会充满热情，以更加饱满的热情去应对社会，积极地发挥自己的作用和价值。一部分非遗传承人活跃在抖音平台之前，自身的才华可能只能在其生活的小范围传播，很多非遗传承人毕生的理想和心愿无法实现。对于一些身怀非遗技艺的传承人，平台为他们提供的是一个公平的、可以展现自我的舞台。他们渴望被别人发现他们的才华与技艺，也渴望能够获得更多人的尊重。因此用短视频的方式记录非遗，一方面拓宽了非遗爱好者、非遗传承人表现的舞台，另一方面可以实时地与他人进行互动，以获得精神上的尊重与满足。

2. 文化因素：弘扬优秀传统文化，传承非遗

2017年中共中央办公厅、国务院办公厅出台了《关于实施中华优秀传统文化发展工程的意见》，指出要大力弘扬传统文化的教育和宣传力度，还要融汇各种多媒体资源和媒介形式，统筹各方力量，创新表达方式，将中华文化的魅力彰显出去。

由于长期以来非遗给人的印象是保守的，而短视频则将非遗的趣味性和传统性结合起来，打破了当下社会对于非遗文化的认知，为弘扬优秀传统文化提供了契机。传承、弘扬优秀传统文化是时代的需求，也是一些传统文化爱好者的心愿。一些毕生从事非遗传承的手艺人们渴望将自己的手艺传承下去,但是经济社会的高速发展使部分非遗传承人不得不离开自己的家乡、放弃自己的手艺,去城市谋求生活。当下,用短视频的方式传播传统文化、传播非遗文化又让他们看见希望,这种易于操作的传播方式,可以有效解决非遗的当代续存问题。

因此,部分人拍摄非遗短视频完全是出于弘扬传统文化、传承非遗的目的,他们希望中华民族的瑰宝能够长久传承下去。

3. 物质因素:售卖非遗产品,实现创收

抖音作为目前日活量最高的短视频类 APP,正在以其独特的方式推进非物质文化的传播,非遗传播正在迎来它的春天。在抖音庞大的流量加持下,通过一系列的开放合作计划,帮助那些非遗传承人、非遗手艺人更好地记录、展示自己的手艺,同时也帮助有需求的非遗手艺人提供非遗产品销售平台,帮助他们建立销售链路、增强流量变现率。很多机构、非遗传承人、个人等已经意识到利用抖音平台可以更好地实现流量变现,从而提高非遗文创产品的销售量,实现创收。因此,实现流量的变现,促进文创产品的销售成为了这部分人的互动动机因素。

7.3.3 非遗短视频用户的互动形式

1. 平台与用户的互动:发布非遗话题

麦库姆斯和肖曾提出过议程设置理论:即传播媒介如果对一项事务强调得越多,则公众对该事务的关注程度就越高。议程设置功能会赋予各种议题不同程度的显著性的方式,影响人们对该议题的看法及判断。

平台作为互动主体之一,其实是这场互动的发起者。以"非遗合伙人"为例,抖音在 2019 年发布了该项计划,到目前为止"♯非遗合伙人"话题下的视频已经获得了 27.8 亿次的播放量。笔者以"非遗"为关键词,共搜索出 98 个相关话题。在话题一栏下搜索,发现除了播放量排名第一的"♯非遗合伙人"话题,还有话题"♯非遗"下的短视频获得了 21.1 亿次的播放量,话题"♯非遗传承"下的短视频获得了 8.1 亿次的播放量,话题"♯非遗文化"下的短视频获得了 7.0 亿次的播放量。这些话题大多数由官方发布,利用传播的"靶向性",以达到精准传播的效果。

2. 用户的自我互动:发布非遗短视频

社会学家柯林斯指出,互动仪式是人们最基本的活动。用户在抖音这个平台上可以观看自己感兴趣的短视频内容,同时可以根据自己的兴趣爱好拍摄发布各种各样的短视频实现自我互动。

抖音作为 UGC 模式的短视频社交应用,用户生产内容是其互动传播的核心。用户的自我互动,体现在对于内容的追求上。基于对于非遗文化的共同兴趣,用户们会自我拍摄发布与非遗相关的短视频。围绕非遗这个互动焦点,不同阶层的人都可以在这个平台中拍摄、发布短视频。无论这个视频拍摄质量如何,有没有人观看,传播效果如何,基于对内容的兴趣,用户会率先开启自我互动。

3. 用户与用户的互动:点赞评论增强情感能量

米得认为,在互动中的人需要具备解读和运用象征符号的能力,接收到这些符号并且做出相应的反应代表人拥有了"心智",而"心智"又是人成为一个社会人的关键。在抖音平台上,互动意味着必须懂得这些符号,因为符号承载了许多信息与意义,所以需要通过与他人的互动去了解这些符号的含义。

为了使研究对象更聚焦,笔者通过对"非遗合伙人"计划下的非遗短视频进行参与式观察,发现用户与用户之间的互动具体可以分为:非遗视频发布者与非遗短视频观看者之间的互动,以及视频观看者与视频观看者之间的互动,且这种互动形式主要通过点赞、评论、转发、分享等形式表现出来。

评论区作为用户情感展示最为集中的区域,所有用户的评论都一目了然。用户们的评论及时发布、实时体现与讨论,他们会把自己的情绪最直接地展现出来,且这些评论的情绪会感染其他用户,引发其他用户继续参与到互动中来。

其次,观看者与视频发布者之间的互动除了评论之外,另一种更为简单直接的互动方式是点赞。只要将视频一旁的小爱心点亮,即表达了自己对于该视频的喜爱,以及对该视频内容的认可。每当用户点亮小爱心时,意味着就完成了一次互动,点赞量会以具体的数字直接显示在视频的右侧。一般来说,点赞数越多,意味着参与互动的人越多,也意味着该视频的内容受到越多人的喜爱,点赞甚至代表着视频观看者对视频发布者的一种支持、认可、赞美。此外,抖音平台还设置了私信功能,给予了用户更大的话语权,私信功能有时会将线上互动延伸至线下互动,进一步扩大互动范围。

通过对用户互动形式的梳理可以发现:非遗短视频的互动一般是由平台发起的,用户会基于自我的兴趣决定是否参与。若对平台发起的话题感兴趣会首先拍摄短视频进行自我互动,其后通过点赞、评论等方式实现与他人的互动。

7.3.4 非遗短视频的互动仪式构成要素及结果

随着社会的发展,柯林斯提出的互动仪式链理论已经不可与当时同日而语,其构成要素也在时代的变迁中呈现出新的特征。在传统的农业社会中,人类社会分工程度低,生活节奏慢,但是高度仪式性的活动比较丰富。随着信息高速化的发展,人类仪式性的活动呈现出了新的内涵。下面将结合抖音平台的特点,以"非遗合伙人"下的非遗短视频为典型案例,考察其互动仪式的构成要素,分析其互动仪式的结果,以期能够实现非遗文化更好的传播。

1. 非遗短视频互动仪式的构成要素

柯林斯认为,仪式的本质是需要身体亲身经历的,身体的亲身在场是仪式构成的第一要素,只有当人们的身体在同一空间内,仪式才会开始。往往在衡量一个仪式是否成功时,会衡量参加这场仪式的人之间相互的关注度和彼此之间的情感连带,而身体的共同在场,是彼此相互关注和产生情感连带的必要条件。

作为互动仪式启动的必要因素,身体的亲身在场可以使情感能量的交换与反馈更加迅速,但是在后续的研究中,柯林斯发现线上交流也可以提供仪式的参与感。他认为,在电子媒介和各种新技术高速发展的当下,人们面对面接触的机会被一步步压缩,电子媒介的发展可以降低共同在场交流的时间、精力和金钱。远程的在线交流成为了人们参与互动的主要形式,逐渐代替了身体共同在场的面对面交流。

随着互联网技术的发展,身体的虚拟在场也可以进行群体沟通与互动,实现情感交换。在抖音这个平台上,它为平台用户提供了一个虚拟的共同在场的际遇空间。人们可以发布短视频,并且通过丰富的形式,诸如文字、音频、表情等与其他用户实现互动,视频的发布者也会及时给予反馈。如此一来一往,互动的双方犹如同时处于同一地点一样,因此,抖音平台给予的互动工具让彼此之间感受到相互的关注。

在此,笔者以"非遗合伙人"为例,建构非遗短视频的互动仪式模型,发现在抖音这个平台里,用户可以在话题"非遗合伙人"下发布视频,由平台建构的虚拟场景客观上使身体的虚拟在场成为可能。全国的用户虽然在不同的地方发布不同的关于非遗的短视频,但是却可以通过点赞、评论、转发的方式进行互动和情感上的交流与沟通,这实际上就是"共情共景"。抖音作为官方平台,也会及时回复用户的评论,因此不管是平台还是视频发布者,甚至是不发布视频的"围观者",在这场仪式中都"亲身在场",彼此之间也都有实质性的互动与交流。因此,互动的方式更加便捷与高效,互动的内容也更加真实、生动有趣,平台营造出的虚拟的亲身在场感,也成为非遗短视频互动仪式构成的第一要素。

2. 根据算法对局外人设限,减少非遗传播噪声

根据柯林斯的理论,对局外人设限不仅可以提高信息传播的准确性,更可以提高信息的传播效率。因此,不管是什么形式的互动过程,把局外人排除在外可以使互动焦点更加突出。当互动的各方能够清楚地了解到是谁参与到仪式中来,谁又被排除在互动之外,互动仪式才能够更加顺畅、快速地展开。

对局外人设限,首先要明白什么是局外人,如何对局外人设限？在笔者看来,此时的局外人就是对非遗文化不感兴趣的人以及没有关切到自身利益的人。基于抖音的大数据推送和用户画像精准推送机制,抖音平台实际上已经对"局内""局外"做好了划分。抖音平台提供的算法机制对局外人设限提供了条件,它可以根据用户的信息获取行为,模仿和学习用户的兴趣,根据用户的兴趣和喜好为其推送用户感兴趣的内容。在经过第一轮流量分配制度以后,能够刷到有关"非遗合伙人"话题的短视频和非遗短视频的人大多是对非物质文化遗产、传统文化等感兴趣的用户,即便有对此类视频不感兴趣的用户刷到了视频,也会在极快的时间内将视频划走,由"局内"走向"局外";在评论互动区域,大家也可以及时从交流与互动中知道了谁参与了这场仪式,而谁又被排除在外。平台的算法推荐机制,可以确保互动的各方拥有共同的兴趣爱好,从技术层面高效且准确地把局外人排除在外。

通过观察发现,除了通过利用算法对局外人设限,互动的主体也会自我对局外人进行设限,以明确参与互动的互动者身份。在每位抖音用户的主页,除了基本信息之外,用户还会对自我的身份进行明确。例如:用户"@古蔺花灯非遗遗传"在简介中写道:"谢建刚,国家级非物质文化遗产古蔺花灯传承人,古蔺永乐谢家花灯班班主,感谢关注,花灯儿段子持续更新。"通过自我身份的明确,可以让其他用户在阅读简介后决定是否观看其发布的非遗短视频,是否对其进行关注以及展开更深层次的互动。还有一些用户会在自己的简介中写道:"喜欢非遗文化的进来,不喜勿喷。"这一类的用户通过主动对其他人设限的方式,将对非遗文化没有兴趣的用户排除在外,并希望自己在互动过程中不受到他人的干扰。对局外人设限,一方面可以减少传播噪音的产生,有利于仪式的顺利进行;另一方面又有助于共同关注点的形成,使互动更加高效有序。

3. 凝聚非遗互动焦点,设置共同的关注对象

柯林斯把互动仪式模型称为相互关注/情感连带机制,这说明了相互关注的共同点和因此生产的情感连带是互动仪式模型的核心。柯林斯还认为,会话是最基础的互动仪式,因为参与会话的各方拥有共同的话题,在共同话题的基础上,互动仪式才能够更加顺利地展开,也只有当群体形成某一共同关注的焦点时,才有可能实现群体较高程度的团结。因此,凝聚共同的关注焦点,设置共同的关注对象是互动仪式构成的又一要素之一。

排除局外人后形成的共同在场,并不意味着就可以成功地形成互动仪式。只有在排除局外人后聚集的群体中形成共同的关注焦点,才有可能形成低程度的群体兴奋。当这种群体兴奋拥有足够强大的感染力时,才能吸引更多的人参与其中,才有可能实现由低度团结向高度团结的转变,进而才会有形成互动仪

式的可能。

通过观察发现,在"非遗合伙人"中,有近1300项关于国家级非遗代表项目的视频,按照国家非遗保护名录"十分法"分类,有学者统计出在众多非遗项目中,传统技艺类的非遗短视频最受观众的喜爱。随着国家对非物质文化遗产加大重视力度,越来越多喜欢非物质文化遗产的个体或者希望传承某项非遗的个体依托抖音平台聚集于此。围绕着"非遗"这一共同的关注点,UGC内容生产者拍摄贴近身边的非遗项目可获得大量普通个体的内心共鸣,PGC内容生产者拍摄质量较高的非遗短视频可获得高度的情感认同。在互动仪式的作用下,聚焦的关注点可以使共享情绪延伸,用户也更能获得群体归属感。设置非遗焦点,可以使互动的各方都有共同的话题,参与互动的各方可以通过各种互动方式与他人进行交流,因此也能形成较高程度的团结。

4. 利用情感连带凝聚力量,用户互动促进情感表达

分享共同的情感连带,可以凝聚用户之间的情感力量,促进用户之间的情感表达。这是互动仪式形成的核心要素之一,也是互动仪式的终点。抖音平台的大数据算法包含了以社交为基础的算法机制,所以说,大数据算法除了会模仿学习用户的内容偏好特征以外,也会根据用户的社交网络来进行内容推荐。由于社交因素的加入,可以帮助用户之间增强共通的情绪,提升彼此之间表达的欲望,增强其互动参与感,最终促进非遗短视频互动传播活动最终转化为成功的互动仪式。

笔者在话题"非遗合伙人"下,按照"最多点赞数"进行排序(时间截至2020年11月1日),选取了点赞数前十名的短视频(表7-1),再分别对每个视频中点赞数最多的评论进行提取,除去排名第五由抖音文化站发布的呼吁进入"非遗合伙人"话题的视频,和排名第九"@阿仟"发布的有关多米诺(不属于非遗项目)的视频,从中可以发现用户在以点赞、评论的方式分享自己的情感体验。例如,2020年6月6日,由用户"@泥塑人生"发布的有关泥塑的短视频:只以泥巴作为材料,就能捏出我国原外交部发言人耿爽的人像。面对如此精妙绝伦的手艺,其中一位用户发表评论"太像啦",尽管只有三个字,但是有4.7万人对此评论进行点赞。在进入情境后,个体可以自己发表自己的看法、意见与情感,也可以以点赞的方式表达对他人的认同,在互动中分享共同的情感体验并与群体成员产生情感共鸣,非遗短视频中的用户互动仪式也因此完成。同时还发现,很多非遗爱好者会以"家人"来称呼彼此,用户之间友好、和善的基调为互动仪式最终形成奠定了基础。非遗爱好者之间会彼此表达支持与欣赏,共同的情感有助于形成成功的互动仪式。

表 7-1 "非遗合伙人"点赞前十名短视频

用户名	非遗项目	点赞数	评论最高点赞数	评论最高点赞的内容
设计师成昊	蜡染	268.4 万	29.5 万	最后一位奶奶年轻的时候肯定是位绝世美人
范浩然口技	口技	218.0 万	11.8 万	撤屏视之,一人一桌一椅一扇一扶尺而已
泥塑人生	泥塑	210.9 万	4.7 万	太像啦
时尚奶奶团	蜡染	150.2 万	9.6 万	中国的奶奶一打扮起来不输其他国家美女
抖音文化站	/	127.5 万	2647	赶快点进视频标题中的话题#非遗合伙人报名参加吧
唢呐—小南	唢呐艺术	108.4 万	13.3 万	就没有唢呐驾驭不了的歌,也没有送不走的魂
唢呐—小南	唢呐艺术	95.3 万	14.8 万	没有唢呐吹不出的曲,没有唢呐送不走的魂
闻书的伞	油纸伞	88.6 万	5.0 万	好看可以有,但是你有些手艺不能丢
阿仟	/	78.3 万	1.2 万	1266 张牌,平均一副扑克牌 54 张牌,就是 23.5 副扑克
魔术师李子熙	古典戏法	70.9 万	3.1 万	开玩笑,大圣火眼金睛都没看出来端倪,你让我们这些凡夫俗子咋看

综上所述,可以发现,抖音平台为非遗爱好者、非遗传承人及其相关人员提供了一个虚拟的、但身体共在的交流平台,通过大数据和用户对局外人设限,将不利于互动的人排除在外。凝聚的非遗焦点可以增强互动者的团结感,从而使彼此之间产生最大情感连带,强烈的情感连带又会促进下一次互动仪式的生成。不难发现,抖音平台为非遗短视频的互动传播提供了互动仪式形成的所有要素条件。

5. 非遗短视频互动仪式的结果

通过互动仪式模型可以发现,与他人有共同的关注点、有共通的情感因素,并且通过与其他用户的互动,能够让他们彼此之间产生情感吸引力。这种情感吸引力可以进一步升华为长期稳定的情感能量,从而促使互动者充满热情地、积极主动地开启下一次的互动活动。以上重点分析了非遗短视频的互动仪式构成要素,下面将进一步借助互动仪式模型,探讨非遗短视频互动仪式的结果。

(1) 仪式互动带来对非遗群体的身份认同。

当非遗短视频互动仪式的各种要素有效地综合时,便会形成一个成功的互动仪式。当互动仪式的各方参与者形成长期而又稳固的情感时,便会建立高度的信任,从而产生对彼此身份的认同感和群体团结。

互动仪式形成的要素之一就是对局外人设限,让某一群体与另一群体区别开来,这意味着本身就赋予了这部分群体成员的身份象征。拍摄非遗短视频的用户通过发布视频、点赞、评论等方式进行互动,可以获得兴奋,且这种兴奋会感染更多的人参与进来,当越来越多的人进行情感能量和符号资本的交换时,他们会产生一种群体归属感。当然,不可能所有个体都对"非遗"感兴趣,但是在非遗媒介语境里,会使对非遗文化感兴趣的个体拥有身份标识,并被群体中的其他成员所认同。

(2) 个体的情感能量不断升温。

柯林斯指出,道德机制是通过个体之间的关注、强化情感转换而发挥作用的。[1] 在互动仪式的形成过程中,情感作为一项极为重要的驱动力,既是互动仪式的构成要素,也是一个成功的互动仪式的形成结果之一。但是二者的情感又有所区别,作为互动仪式构成要素的情感相对短暂,作为互动仪式结果的情感却是长期而又稳定的。短暂的情感通过一个成功的互动仪式,可以转变成长期稳定的情感能量。情感能量是一个连续系统,在互动中获得较高的情感能量,会促使下一轮互动仪式的开始,且不断会吸引新的用户参与进来。

在话题"非遗合伙人"下,可以清楚地看见视频的点赞排名和综合排名,"点赞"客观上刺激了发布非遗短视频用户的竞争心理,他们往往希望自己拍摄的视频能被更多的人看见,当获得更多的点赞时他们在情感上也会产生更强烈的满足感。虽然说情感能量在刚参与仪式时可能是相对短暂的,但是在产出时却是一种强烈与长期的情感能量,这种情感热情、自信、自我感觉良好,并且是一种"驱动力"。可以想象,当一位用户看见自己拍摄的非遗短视频获得了无数点赞和评论时,他会产生一种被关注、被群体需要的满足感,这种满足感可以为下一次的互动储备更强烈的能量。

(3) 形成代表非遗群体的符号。

根据符号学理论,事物的象征意义即符号,通过个体与个体的互动产生,符

---

[1] 兰德尔·柯林斯.互动仪式链[M].林聚任,王鹏,宋丽君,等译.北京:商务印书馆,2009.

号是携带意义的感知,它的用途是表达意义,而意义也必须用符号才能得以表达。

在非遗短视频中,不管是平台与用户的互动,还是用户与用户之间的互动,大量具有美好象征意义的符号形成并广泛传播,这些符号不仅可以表达意义,也可以代表群体。例如,江苏省级非物质文化遗产"绒花"在平台上就大量呈现,"绒花"谐音"荣华",寓意荣华富贵,反映了从古至今人们对美好生活的向往与寄托;福建福州非遗软木画用栎树为原材料,以刀代笔,用传统的雕刻技法精雕细镂,因而被誉为"无形的诗歌,立体的画",从中体现的"工匠精神"也成为非遗传承人最好的代表名词。

(4)对搭"非遗"便车行为的正当愤怒。

成员身份的获得会产生群体团结,这让群体中的个体在采取行动时都带有强烈的情感能量,群体符号让群体更加紧密地团结在一起,因而产生一种"正义感"。这种正义感会让团结感强烈的人的群体符号更加得以维护,最终形成对于群体的道德感。倘若自己违背了群体,会心生罪恶之感;倘如他人违背了群体,便会产生正当的愤怒感。

同样以表7-1中的数据为例,在"非遗合伙人"话题下,点赞量排名第九的视频是2019年4月25日由"@阿仟"发布的关于"纸牌多米诺"的视频。在非物质文化遗产名录里,其实并没有多米诺这一项目,虽然该视频也获得了78.3万的点赞量,但是属于打着"非遗"的擦边球,"搭便车"发布短视频的行为。评论中,有不少人表示:"这还非遗?""是挺厉害,但是你为什么要带非遗的话题,这跟非遗有什么关系?""这个也是非遗?为啥用非遗的话题?有懂的人吗?"很明显,因互动仪式而不断积聚的情感能量使具有成员身份的个体对有"违反行为"的个体产生了愤怒与谴责,就像抖音平台上一些争夺流量的面点铺店为了提高销量,硬是带上非遗的话题,宣扬自己的传统手艺,但是有人会在评论中严肃地怼回去:"虽说你的面点做得很好看,但是我要说你这并不是非遗!"在互动仪式中产生的团结感在集体兴奋中得以强化,忠诚的群体成员会对群体中违反行为者由震惊愤慨自动转变成一种正当的愤怒感。

第8章 意义传用:非物质文化遗产数字化发展

非遗数字化发展主要是指对前期非遗数字内容资源(符号意义)的应用,非遗的文化抽象、数字编码以及数据库建设是数字化发展的前提与基础。可以说正确的文化抽象、有效的数字编码、良好的数据库建设直接关系到非遗数字化的应用效果,如果前期数字化阶段做得比较精细,后期的应用就会减少文化传播与理解的误差。在这里我们假设前期的文化阐释与信息编码都是符合文化规律和文化真实的,本章只讨论非遗数字内容如何被合理使用,以及在什么领域使用。本章内容主要阐述非遗数字内容在遵循两种逻辑基础上的4个面向的应用——传统文化教育学习、地方性知识的传承、公益性数字展示传播和产业性创意加值。按照 I-space 信息理论,根据抽象、编码和扩散程度,非遗数字内容信息分布在采邑区、宗族区、制度区和市场区 4 个区域(图 8-1),只不过根据不同信息属性特征和应用范围,数字内容会被限定在某个区域之内。

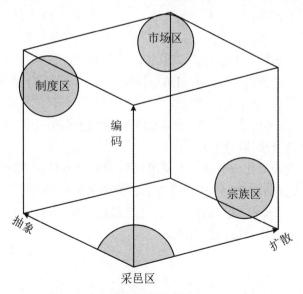

图 8-1 信息空间:采邑-宗族-制度-市场

在采邑区的非遗信息，属于个体化的，多属于传承人个体的精神产物，其所处的环境也是特殊的，具有天然的弱编码性，难以共享，采邑区信息的生存环境相当狭窄，也是非常容易消失的。例如，徽州的目连戏等非遗事项，越是接近采邑区的非遗事项，其保护的要求越迫切，只能进行个体化、家庭式、家族式的文化传承。但这个区域的信息也是最具创意性和创新性的，然后经过抽象、编码再扩散到 I-space 其他区域。

在宗族区域内的信息可以实现小范围的共享与传播，扩散范围较采邑区相比，明显扩大，是非遗所生存的社区或遗产地或生态区内。此区域内非遗传承人群或部分利益相关者具有共同的文化心理和背景，能够识别本地非遗知识，由于非遗相关缄默知识，部分非遗信息并不能被编码和自由扩散，但可以在文化所属区域内进行传承与教育，甚至个别可以扩散至制度区与市场区，同时也受到非遗相关约定俗成的规定制约或者相关法理的制约。

在制度层面的非遗信息具备了扩散的条件，但被相关主管部门或特定群体所把控，例如非遗中的传统医药的配方等，需要得到信息授权方能获得相应的非遗信息，文化部门中具体管理非遗的处室掌握着编码程度好、相对抽象的编码信息，若获得相应的非遗信息知识则需官方的授权与许可。笔者在调研中也遇到类似境遇："我们这些资料不能共享，谁掌握了这些资料就可以去申请一个国家课题，不仅是我们这样，其他省份也是如此。"在某种程度上这种管控并非是非遗信息知识扩散的障碍，可能也是对非遗数字信息资源的保护。数字化信息是一种低成本、重复使用、易于变形的信息形态，如果得不到有效的管理，则会出现编码混乱与"非法"利用，进而导致非遗信息资源的损坏。

在市场区内的信息不仅具备扩散的条件，而且任何人都可以对其进行二次加工从而产生新的价值。当然非遗的市场化运营要根据具体情况而定，无论是学界还是产业界，目前争论比较激烈。但不可否认市场区的优势是信息传播速度快，有助于文化的传承与传播，同时市场又是不稳定的，不能保证所有的非遗内容都能够合理合法地使用。

若将信息空间简化为平面四个象限（图 8-2），地方性知识传承在采邑区和宗族区发生；普及型教育学习则是非遗信息跨越采邑区、宗族区、制度区三个象限；公益性数字展示是非遗信息在宗族区与制度区流通；在制度区和市场区非遗信息则可以进行产业性创意加值。

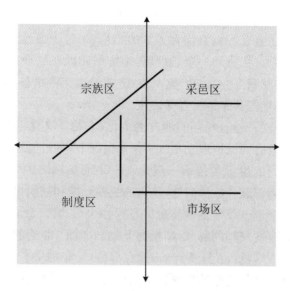

图 8-2 采邑-宗族-制度-市场象限图

8.1 地方性知识传承

非物质文化遗产作为地方文化的精华与代表,非遗传承就是地方文化的传扬,保留地方意义与地方感,为全球化增添稀缺性和多样性。《世界文化多样性宣言》阐述:"文化在不同的时代和不同的地方具有各种不同的表现形式"①,"各群体和社会借以表现其文化的多样性"②,而"多样性"最终落脚在"地方性"上,一个具有文化意义的"地方"丰富了人们的生活,为人们提供了栖息的精神家园,是建立过去与未来的关联,它们是不可替代和弥足珍贵的,因此必须为现在和未来的世代传承,为在地民众保留"原生性"文化的"根"。文化自生成之时便有特定区域的社会与自然的烙印,形成多元的地方文化。非物质文化遗产亦是如此,正是因为每个地方都有自身的文化特色,人文社会生态、自然生态的多样性,导致每个地域都有独特的文化内核。③ 文化的发展都是自然选择的过程,自

---

① 2001 年 11 月 2 日联合国教育、科学及文化组织大会第 31 届会议通过。
② 引自《保护和促进文化表现形式多样性公约》,该公约于 2005 年 10 月在第 33 届联合国教科文组织大会上通过。
③ 虽然相邻文化(地方文化)之间具有很大的重叠性(文化之间的渐变性),但每个地方都会有自身的文化核心元素。

古至今,每一种地方文化都处在不断发生、发展、变革、选择与淘汰过程中,当前地方文化系在文化生态环境中优胜劣汰的结果,相对于已过滤的文化,仅存的地方文化是稀缺的。从另外一个角度看,地方文化处在后现代社会中,而后现代文化异常多元,充满个性、碎片、复杂等,造成纷繁交错状态,相对于此种文化来说,地方传统文化尤其显得具有稀缺性。

随着社会环境的变迁,现存的地方性文化(非物质文化遗产)日益稀缺,甚至会消亡。故在既有的保护理念和数字技术情况下,尽可能地对非遗进行保护与传承。非遗项目的继承与传承一般是在一定的场域之中(通常是在原生场域),例如在家庭内部或者族群内部,非遗的生存环境和空间可能被压缩,因此,在官方制度安排下也开设了多种非遗传习所、传习基地。无论是家族内部自发的场域传承还是制度安排的场域,即根据 I-space 理论,非遗的传承都是限定在采邑区和宗族区。采邑区位于 I-space 原点部位,是非物质文化遗产的发源地,也是非物质文化遗产最完整的最原始的信息集合——非遗项目的个性化、创造性知识。在此区域内,非遗的信息传递一般是弱编码性,通过口传心授、言传身教,扩散范围仅限于家族内部。随着数字技术的介入,非遗事项的表达和呈现方式得到了优化,传承人群可以利用数字化技术对非遗进行数字化加工、处理、再现、解读、保存、共享和传播,可以承接和弥补在采邑区与宗族区的传承不足,在采邑区的肢体语言和特定场景等隐性知识无法有效编码的重要部分,可以通过影像、图片等形式"立象以尽意",辅助非遗知识的传承,不仅能够在当代传承,也能够代际传递下去。非物质文化遗产是一种根植于人们生活的、琐碎的、细微的、貌不惊人的本土文化表达。通过数字媒介对非遗项目进行有效的传播与传承,必须将数字媒介进行本地化,赋予地方文化认同的表达,从事有意义的文化再生产。培育掌握传统文化知识和技艺的那一批人积极主动地参与非遗内容的解释和传播,为数字媒介学习提供有效的文化内容。文化意义不是一成不变的,特别是在新的媒介载体上,可能因为载体改变而发生变化,因此对文化意义的理解会因新信息而发生变化。非遗的阐释与传播必须根植于社区的文化传统或文化历史之中,若是对文化表达形式或文化空间的曲解过程,也是使其消亡的过程。[①] 数字媒介赋予遗产地的民众(包括传承人)更多的表达权利和表达机会,他们可以方便地参与到非遗传承过程中来,以提高他们在非遗保护与传承中的话语权,可以说数字媒介对地方非遗的传承相当重要。

---

① 方李莉.遗产:实践与经验[M].昆明:云南教育出版社,2008:139.

8.2 普及型教育学习

《非遗法》第三十四条规定,学校应依照国家教育主管部门的规定,开展非遗教育。但遗产教育并未纳入主流教育的范畴,是一种被长期忽视的、非常珍贵的教育教学内容资源。将非物质文化遗产纳入教育范畴,有利于新生代对民族精神、智慧及活态文化的认知,也有利于民族文化记忆的挖掘、梳理、整合和延续。教育主管部门或社会教育组织把非遗内容纳入教育体系,构建科学、合理的教育教学机制,从文化教育角度去研究非遗的保护和发展问题,这也是非遗传承的必然要求和重要途径。遗产教育使新生代能够认知非遗、产生文化认同,并在此基础上推动传统文化的复兴和文化的创新。根据联合国教科文组织的研究,教育产品是目前需求量大的网络信息内容服务产品,教育产品与目前发展得最快的数字化视听技术相结合,是可以完全通过网络实现传播的少数产品之一。而徽州文化遗产资源数字化是实现上述教育发展新机遇的关键。[①] 数字信息技术的发展可在虚拟现实环境中呈现真实的历史地理信息,亦可将之应用于图书馆、博物馆、档案馆,进行数字化展示、文物图像超"链接"、内容交互、个性定制等服务,并辅以不同领域中专家学者的咨询与解说,直接将文化信息供全民分享,增加公众的文化知识,提升公众的文化素养,强化公众的文化认同,进而为社会建构、文化记忆、基因传承与价值传播提供依据。

从教育学习的途径和形式来看,非遗的普及型教育学习主要分为两种。

一是学校教育学习。将非物质文化遗产纳入学校教育,特别是乡土教育,把非物质文化遗产相关内容融入课堂与教材,是实现非遗教育传承的有效途径,使非遗生态区的学生能在不同程度上了解本土文化的基本内容,促使其对本土非遗的关怀与认同,并愿意贡献自己的力量来改善非物质文化遗产的生存环境。非物质文化遗产教育,是一种融知识性、情感性、实用性、趣味性于一体的乡土教育,除了让受教育者了解、认识其所居住地方的人、事、物,包括生活环境、历史人物、传统艺术与文化之外,还能激发他们保护、传承和发展非物质文化遗产的意愿及能力,同时也进行了精神教育、生活教育和多元文化教育。从信息空间的角度来看,非遗的本土教育传承与学习主要集中在宗族区,该区域内的信息可以实现小范围的共享、传播与传承,是在非遗所生存的社区或遗

---

① 秦枫.文化遗产资源符号建构与产业融合:以徽州区域为例[J].云南开放大学学报,2016(2):7-10,32.

地或生态区内。非遗的本土教育效果越好,表示该区域非遗有着良好的受众基础,也说明该非遗的生存与保护压力较小。

二是社会化教育学习。随着互联网的普及和数字技术的应用,学校教育已不再是获取知识的唯一渠道。受教育者不仅在学校可以获得相应的知识,更能够在网络空间、数字终端以及各种文化机构(文化馆、博物馆、图书馆等)接受教育(此处重点提及数字化教育学习),这是一种自觉的、自主的、便捷的教育学习模式。数字教育与学习是网络技术、数字技术与教育结合的产物。目前世界各国都在积极将非物质文化遗产数字化,用实际行动来抢占这块文化高地,将非遗数字内容打造成为社会学习的教材,期望既能教育公民,又能传播和渗透本国的传统文化和价值观。非物质文化遗产数字教育形式多元、内容丰富(与非遗相关的数字内容资源),能够有效满足不同受众(不同文化背景、不同行业、不同文化身份的人)的学习需求,甚至学习者可以根据自己的兴趣与爱好,对学习内容定制化。

无论是学校教育还是社会化教育,仅是教育学习的形式和途径不同,其教育与学习的内容与核心是非物质文化遗产知识,如何保障非遗教育内容的有效供给,是非遗普及教育学习的关键。所谓有效供给,这里涉及非遗的编码与解码问题,在第4章的编码效度内容中已阐述,此处不再赘述。将非遗数字化成果转化为非遗普及教育的内容,是非遗数字化应用领域之一,欧洲文化遗产在线(ECHO[①])的全民参与内容供给的方法对我们有启发意义。ECHO以能够"为社会公众和科研人员提供欧洲文化遗产数据信息"为目标,ECHO用户通过网络信息技术和终端设备就能浏览这些数字内容资源,并可以根据权限自行添加相关的文化遗产数据,增强了人机交互性。社会公众(特别是在地民众和非遗研究人员)对身边的并与之朝夕相处的非遗更加了解,在第6章非遗数据库建置中,就已提及让在地民众根据使用权限和数字内容规定的类型和格式要求,通过"合作-参与"路径提供相关的非遗数字内容,能丰富和完善非物质文化遗产的内容供给,而且社会公众参与非遗内容提供的过程,也是学习、了解和研究非遗的过程。同时也要拓展非遗普及教育学习的平台,当下数字媒介日新月异,平台多元化,例如微信公众号、各类APP应用等,在"寓教于乐"的话语体系下,基于故事化编码开发地方文化资源的教育软件和教育游戏,将非物质文化资源等内容镶嵌在其中,把非遗数字内容发布到更多的教育学习平台,从而让更多的社会公众参与到文化遗产的传播与保护中来。

[①] http://echo.mpiwg-berlin.mpg.de/home.

8.3 公益性数字展示

非物质文化遗产具有教育、凝聚、回忆等功能,通过展示传播,能将此功能放大,并获得更佳的文化传承与传播效果。当前不少地区在积极建设非遗博物馆或传习馆,或者举办非遗文化节,静态陈设非遗事项的相关物品,或者由非遗传承人定期或不定期进行在地性表演,以期与社会公众产生互动,达成文化展示传播的目的,但这种制度安排下的行为,限于时间、空间与受众的影响,传承与传播的效果并非理想。数字化改变了非物质文化遗产的传统展示方式——利用数字技术(虚拟现实、增强现实等)对非物质文化遗产特别是传统工艺的生产方式、传播与传承方式等进行真实再现,并建立基于数字媒介平台的非遗数字博物馆,将非遗的数据信息整合在一起,最大限度地实现了非遗数字内容的展示、传播、共享与利用。

数字技术通常能够带来前所未有的拟仿能力,数字展示使得文化具有前所未有的特性——互动性、穿越性、浓缩性、沉浸性、仿真性、可视性,所展示与传播的内容根据我们的输入而不断变化,将现代与传统、真实与虚拟相连并得到即时的反馈。数字化展示是对非遗的丰富意义的体验,促使非遗从地方化走向全球化。非遗公益性数字展示传播可从两个路径考量,一是增强"现实",在实体非遗博物馆基础上,增添数字内容以增强实体博物馆的展示与传播效果;二是虚拟现实,基于数字技术和数字内容,在数字空间建设非遗虚拟博物馆。这里增强现实与虚拟现实并非具体指两种技术,而是两种展示传播的理念。

一是增强"现实"。在当下实体非遗博物馆中,展示基本上是有时空限制的,无法满足公众的参观要求;对文化的阐释静态化和片段化,与文化融合层面略显生硬;非遗知识也被压缩为可选择的信息片段。文化变成了"割裂的和局部化的",而不是一个展开的元叙事(Meta-narrative),从而将参观者引至"一个由事实堆积的实体机构",从这些来看,非遗并未通过博物馆而被公众认知和理解。为弥补"现实"的缺憾,利用数字技术对遗产博物馆的功能进行提升——增强博物馆中文化内容的互动性、故事性和脉络性。互动是数字展示的一个主要特点,它们会不停地与公众互动,提供对话、挑战、测试、选择按钮、小工具等,而不是让人们自己静态地参观,通过让公众觉得自己有能力参与其中,互动活动就在参观者和展示的空间中搭起了沟通的桥梁,这样似乎形成了更好的互动关系,也进而提供了展示的教育效果。为加深公众对非遗展示内容的理解,还需要对非遗进行故事化编码,运用"阐释"的技巧小心翼翼地创造意义,按照系统化的文化脉络进行设计解读,赋予文化对象和场所以象征性意义和象征性符号,并把其置于当下的社会情境下,在新的时空范围内进行重新定位。数字化展示可以使公众看到现实世界当中永远看不到的文化真实。

二是虚拟现实,"如果参观者不愿来博物馆,博物馆就要走到参观者面前"。借助非遗数字化展示,打破博物馆的时空限制,并提供定制化及自主性的呈现。运用适合的数字展示科技,将非遗博物馆的主题内容有系统、有结构地发挥出来,排除使用者与博物馆间的距离,主动、积极地吸引使用者的注意及兴趣,并使之具有丰富的教育性、具深浅度的研究性。例如以渐进放大的影像数字技术,让公众了解雕刻作品、器具等不同形状、构造。数字技术摆脱了非遗实体博物馆所必需的建筑、陈列、参观时间等条件的限制,任何人在任何时间、任何地点都能从数字空间便捷地获得需要的知识与信息,使海量存储的非遗数字内容得到最大限度的展示、传播、共享,满足公众的文化需求,成为数字技术条件下适合于大众传播的一种新的路径。通过在数字展示、传播与传承,可以确保可能丢失或消亡的非遗得以在数字空间存续。

8.4 产业性创意加值[①]

非遗数字化不应仅止于专注于静态的数据结构或文化形式的追求,而应把重点放在与文化发展以及与人有关的价值与意义的创造方面,不仅是再现过去,更应创造关怀人的现代文化需求及非遗未来的发展——非遗数字内容产业性创意加值。利用数字技术,为非遗提供新的文化书写和再现途径,强调文化实践社群和文化传承者对于文化知识再生产和再创造的过程。非遗的数字化可以将非遗事项打造成在线性、嵌入性、融合性的关联产业。通过数字技术可以将非物质文化遗产内容以标准化和数字化的形式进行编码存储,建立数字文化遗产资料库,并以其素材数据为基础、以市场需求为导向,在坚持文化遗产内容不被歪曲的原则下,对遗产进行数字化再创造,将其转化为能够在市场上合法合理流通的文化产品,促使非遗在得到有效保护的同时,又能实现相关产业创新与发展创意价值——附加文化价值、增加产业价值。

从文化创意产业视角看,现代文化产业本质上是"产业族群",建立在规模复制数字技术上,履行最广泛传播的功能,经商业动机的刺激和经济链条的中

---

① 秦枫.文化遗产资源符号建构与产业融合:以徽州区域为例[J].云南开放大学学报,2016(2):7-10,32.

介,迅速向传统文化遗产资源的原创和保存两个基本环节渗透：将原创变成资源开发,将保存变成展示,并将整个过程奠定在现代知识产权之上。非遗数字化,建立非遗数据库,使非遗资源不仅仅停留在宣传、保护、教育等公益服务层面,而是要发挥更大的效用。将文化遗产信息和内容通过数字技术和文化产业的创新思维,在坚持完整性、原真性的原则和基础上进行数字化再创造,即以非遗数据库的文化遗产符号为基础,将文化资源内容通过数字技术和文化产业的新思维,将数字内容与产业有效桥接,构建数字内容再造路径,以数字化技术为工具,以市场需求为导向,创造性地开发各类具有自主知识产权的文化商品,并通过版权授权、联合开发、展览展示、教育培训等方式实现从原创、设计、制造到推广、营销的产业化运作。非遗可为文化创意产业提供丰富的内容支持,对非物质文化遗产而言,数字化技术可以为其提供强大的工具、方法和技术支撑,并通过文化创意产业独有的创意和展现形式,使非物质文化遗产获得保护、传承和展示的巨大空间,很多文化形态、文化业态可以为其注入更加强大的生命力,尤其是非遗与社会大众的文化需求相结合,有助于探索非遗保护与传承的有效模式。

从文化旅游产业视角看,全球性的旅游业持续发展已经出现与文化内容融合的重大趋势,网络文化旅游也成为网络经济中"异军"突起的力量。基于数字技术的文化旅游网络业的商机表现在以下两个方面：一方面,继续推动传统意义上的旅游业信息数字化,使出游感觉更加方便、舒适,费用也更加低廉；另一方面,在数字化技术的基础上,全面开发文化遗产旅游资源,建立虚拟旅游世界,彻底改变旅游服务模式,从根本上提高旅游活动质量。在这个虚拟旅游空间中,旅客将旅游的对象物以及旅游活动本身与历史事件、文化事项联系起来,形成对于旅游吸引物的意义理解。遗产叙事是一种为了旅游目的而被选择的特殊表述方式,换言之,在现代语境中遗产成为旅游中的一个品种、品牌进入到大众消费领域。遗产可能会促进各类群体思考他们的文化"根源"；遗产可以被旅游化、商品化,但旅游、商品等形式并不是遗产的全部,确切来说,是对某种价值观和传统的代表权。[①] 非遗数字资源的开发利用将为旅游业附加新的内涵和价值。文化旅游本质上是一种文化体验,而文化体验是非实体的感知,而是对文化遗产内涵物的体验,对实体中的单子的感知。不管体验是通过文化原子化载体,还是比特化载体,都是向公众传达文化内涵物,从这个角度来说非遗数字化可以满足公众的文化需求,同时也可以有效避免对实体遗存的破坏。数字化

---

① 贝拉·迪克斯.被展示的文化：当代"可参观性"的生产[M].冯悦,译.北京：北京大学出版社,2012：146.

研究的开发内容、服务内容等完全可以满足旅游产业的特点。

从媒介产业视角看,党的十八大报告提出,"建设优秀传统文化传承体系,弘扬中华优秀传统文化","构建和发展现代传播体系,提高传播能力"。现代媒介产业在数字技术的催化下,成为社会文化生活的重要组成部分。媒介产业与文化遗产资源互为条件,媒介产业为文化遗产资源提供传播介质和渠道,文化遗产资源为媒介产业提供文化内容,二者相得益彰。媒介参与到文化遗产资源数字化保护与产业化运营之中,即创新徽州文化遗产资源公益性文化传播服务与商业应用的并行互惠经营模式。徽州文化遗产资源丰富,以及目前庞大的文化消费市场,各级各类媒体通过文化和科技的融合创新弘扬徽州优秀传统文化,在文化产品创作、生产、传播、消费的各个层面和关键环节发挥作用。以电视媒介为例,可以按照分众化方式,打造特色文化频道或开辟文化栏目,将文化性、欣赏性、知识性、娱乐性、时尚性等融于电视节目之中。2014年1月20日,纪录片《大黄山》同步登陆央视综合频道、央视纪录频道及安徽卫视,运用国际化的视听影像和叙事表达,充分展现徽州区域自然、人文之美。徽州文化遗产资源不仅用于公益性的纪录片和宣传片,也用在了此前改编并拍摄多部以徽州人文、徽商为主题的商业片中,如《大清徽商》《胡雪岩》《徽州女人》等。以上电视节目依托传统文化资源,经过数字技术的拍摄包装,所打造的具有本土特色的文化类电视节目,获得前所未有的收视率,利用文化遗产资源发展媒介内容产业,也将是媒介产业的发展趋势。

从信息内容产业视角看,文化遗产资源的数字化将为信息产业提供附加价值。将非遗数字库中的数字内容作为信息产业的素材库,把非遗数字信息转换为产业的价值主体,徽州文化遗产数据成为信息产业的内容才能焕发生机;同时信息产业拥有优秀的文化内容才能更好地发展。徽州文化遗产资源的开发与利用,是信息产业发展的新空间、新领域、新的增长点,采用数字技术和网络技术,有机整合文化内容生产和信息服务两大部分,建立内容生产、流通和消费的新运作模式,如利用新兴的微信、移动媒体等工具进行信息定制,个性化推送信息。通过徽州文化遗产资源的数字化,以"文化内容"带动信息服务业的发展,以信息服务业有效传播文化遗产信息,二者互为支撑、共同发展。①

从数字游戏产业看,以文化遗产为内容的数字游戏,不仅使游戏企业提升了游戏的文化品质,以形成新的消费热点和商业盈利点,而且通过游戏环节设

---

① 秦枫.文化遗产资源符号建构与产业融合:以徽州区域为例[J].云南开放大学学报,2016(2):7-10,32.

置使文化遗产内容得以更广和更深地传播。① 年轻一代是数字游戏产业的主要消费群,也是承接传统文化复兴的主体。将遗产内容有效编码并正确地嵌入游戏之中,以严谨的文化态度,关注文化遗产信息的真实性和知识深度问题,促使游戏与文化遗产传播有机融合,引导新生代对传统文化的认知、理解与认同。

非遗数字化与文化创意产业、文化旅游产业、信息内容产业、媒介产业、数字游戏产业及其他相关产业具有较高的关联度,将数字化信息与产业有效桥接,使特有的文化遗产资源转化为优势的产业资源,促进文化遗产数字化保护与利用,同时也能创造更多的经济和社会效益。②

---

① 杨璇.数字化如何助力文化遗产传播[EB/OL].[2015-7-29].http://epaper.gmw.cn/gmrb/html/2015-07/29/nw.D110000gmrb_20150729_3-10.htm?div=-1.
② 秦枫.文化遗产资源符号建构与产业融合:以徽州区域为例[J].云南开放大学学报,2016(2):7-10,32.

第 9 章　回顾、反思与展望

9.1　回　　顾

数字化已然成为社会生活的一部分或一种生存状态。本书主要考察与阐释数字化对非物质文化遗产的影响——数字化生存与发展。在实地调研徽州非物质文化遗产现状的基础上,针对非物质文化遗产存续问题——非物质文化遗产存在生态与生存危机、传播与发展问题,探讨如何有效转化当下非遗生存的危机以及如何解决非遗传播与发展的问题。非物质文化遗产的生态在不同程度上被"现代性"所侵蚀,赖以生存的物理空间日益遭到压缩。它已不得不与数字技术发生关系,在新的文化生态(数字环境)中,永久性地保存和最大限度存续文化。随着数字技术革命性地深入社会各个角落,数字化生存成为人们思考的重要命题,如何利用数字技术对非物质文化遗产进行保护与转化,通过新的方法与手段对它们加以重新阐释,使之在数字环境中能够更好生存。本书糅合了编码/解码理论、信息传播理论、I-space 信息空间理论以及文化遗产学相关理论,对非遗的数字化进行了阐释与论证。编码/解码并非是文化领域的一种理论,但可以作为一种方法应用到非遗数字化领域,可以理解为数字技术对非遗的编码。如何在这个编码过程中保持非遗的原真,尊重非遗的原生态,这里要解决几个问题:一是对非遗生存环境的把握、对非遗的历史传承的准确把握,对非遗的现代性的把握;二是对数字媒介语言与非遗文化的合拍,能否将无形的、柔性的文化转换为 0、1 为核心语素的计算机语言;三是关于编码端,同样解码也是理解、传播非遗的关键环节,这就涉及二次编码和解码等。本书对编码/解码进行修正,笔者认为在信息空间中首先是对某项非物质文化遗产进行解码,因为不同的话语主体对非物质文化遗产的认知不一样,其阐释意义也不一样,每个主体对遗产的编码逻辑亦不同,会形成一个意义丰富的话语体系,不同的受众主体会对这个编码意义丛再次进行不同意义的解码。但这里涉及"一致性"和"有效性"的问题,即对非遗的解读与阐释(文化编码/解码),数字语言对非遗的表达与编码(信息编码/解码),产业对非遗数字内容的应用(信息扩散与交易),公众对数字非遗的理解和接收,是否能达成一致与有效?

如果说抽象编码是非物质文化遗产数字化的数据采集方面的阐述,那么数字化之后的非遗数据如何存储、共享、管理及应用,对此本书主要论述非物质文化遗产数字化的核心载体——数据库。对徽州非物质文化遗产数据库的构建意义和建构路径,借鉴"参与光谱""合作-参与"机制进行阐述,运用 E-R 概念图尝试设计和构建遗产数据库,并描绘徽州数字地图。非物质文化遗产数字化的意义,不仅是在数字化环境中档案式的保存、虚拟符号的记录,而且是如何使用和延续数字档案与符号背后的文化语意与象征系统,也就是本章所要陈述的非遗数字内容的传承与应用——非遗数字化发展问题。非物质文化遗产的数字化发展主要遵循两种逻辑:一是公益性服务逻辑。地方性知识需要传承、展示、普及与教育,非遗数字化不仅让文化拥有者保存文化,而且帮助他们把自己的文化在更大范围、更深层面传递、传承、传播下去。二是产业性应用逻辑。在资本逻辑裹挟之下,传统文化(文化遗产)已然成为一种资源,非遗数字内容更是易于被现代产业所使用,对非遗内容进行创意加值,对文化意义进行再生产。

9.2 反思与展望

反思包括两个方面,一是对本书写作的反思;二是关于数字化的反思。

关于本书,缺乏深度理论的思考与思辨,未能很好地运用理论来辨析和统领整本书。非物质文化遗产数字化这一主题,包含传播学、信息学、文化遗产学以及数据库相关理论知识,在相关理论引入、运用、创新等方面不够深入,而且学科跨度大,加之笔者学术不深,学科视野狭窄,不能很好驾驭。

另外,虽然笔者连续多年在徽州地区从事调研活动,收集大量的一手资料(访谈内容、图文影像资料、调查数据等),但在本书写作过程中,仅选取一小部分作为案例资料,故在研究方法方面要多样化,一手资料的运用有待于进一步丰富。

关于数字化的反思。数字化作为一种文化的技术逻辑与力量,无情地塑造着大众的文化习性。事实上,当今的数字技术对文化而言是一把双刃剑,它的复杂功能对社会文化有着深远的影响。新的数字技术生产了新的文化景观,它不仅为文化的呈现、表达与传播提供了新的载体,而且为文化的接受与消费提供了新的观念与方式。在此背景下,文化越来越媒介化,社会公众对文化的消费越来越依赖于数字技术。面对这种文化也就是面对数字技术,身处文化之中就是身处数字技术之中,数字化意味着更广的传播范围、更快的传播速度、更硬的文化内容、更同质化的文化表现、更直观性的呈现方式。

数字技术不仅革新了人们生存、生产、生活的习惯,更是改变了人们的思维方式、心智模式与认知体系。但对于所有人来说,数字技术的影响并非是统一的,在不同群体之间存在着"数字鸿沟",非物质文化遗产所在地民众包括非物质文化遗产传承人对于信息网络、数字化技术知之甚少,数字化技术成为在地民众参与的最大障碍。由文化部主办、中国科学技术大学承办的非物质文化遗产传承人群研修班的主题是"数字化与可视化在中国手工造纸行业的应用",第一期研修班中有学员对智能手机都比较陌生,不曾接触微信、微博等数字媒体,这样的数字鸿沟成为非物质文化遗产数字化的技术观念上的障碍。不过数字技术的逻辑一步步地消解着文化固有的逻辑,并有取而代之之势,进而导致一个矛盾——工具理性对表现理性的僭越。表现理性在总体上体现为文化的主体原则——人的原则。数字技术活动是关于客体世界的活动,工具理性仅是一种手段。技术是实现对客观世界征服的手段或工具,它本身并不具有本体的地位。在技术的工具理性中,客体原则取代了表现理性的主体原则。不断加剧的媒介革命,使得我们要对一些现象进行反省——并非是数字技术来适应人,相反,是人这一主体要不断地适应数字技术的变革。① 当数字技术在创造出多元化的文化消费新花样的同时,也在把自身的逻辑和规则强加给文化。主体便不可避免地沦为客体的奴役,服从数字技术的自律逻辑将成为主体文化活动的必然逻辑。②

数字化并不是非遗未来生存与发展的灵丹妙药,非遗数字内容资源源于非遗实体资源。没有非遗实体资源作为基础,数字资源将沦为无源之水、无本之木。当务之急仍然是非遗在现实生活中的生存、发展与利用。非遗数字资源无法代替非遗资源。非遗数字内容资源并非等同于非遗实体资源所蕴含的文化信息,尤其是无法将非遗实体资源中许多无形的特征与属性完全抽象为有效编码。从沃尔特·本雅明"机械复制艺术"导致经典艺术"光晕"消逝的黯然神伤,到法兰克福学派代表人物阿尔多诺和霍克海默对资本主义"文化工业"欺骗本质的揭示,再到海德格尔对现代科技的技术沉思,无不表达了相当程度的反省和批判。③ 数字信息技术促进了不同文化形态之间的对话、交流与合作,但也在某种程度上导致了文化生态的失衡和文化多样性的萎缩。非遗在数字化过程中,要防止形成新的文化殖民或文化霸权,防止在技术传播层面抹平不同文化

---

①② 周宪.文化表征与文化研究[M].北京:北京大学出版社,2007:229-230,250-251.
③ 向勇.文化产业要实现文化与科技的融合[N].人民政协报,2012-11-05.

形态、文化事项之间的差异性，或者导致文化内涵的变异。一是失去文化话语权风险。一般来说，文化遗产传承人或拥有者在数字技术方面知识欠缺，需要依赖外界学者、技术专家将文化遗产数字化，但在数字化转换、传播过程中，失去了对文化遗产的文化解释的话语权。二是文化内涵变异风险。当社会再生产与技术主义结合变成遗产工业时，文化遗产便不可避免地出现文化内涵的异化。文化遗产在数字化过程中，可能会或多或少地夹带着人为的、现代性的元素，从而破坏了遗产原生态的文化内容。数字化的核心是非遗的文化价值与文化意义，要重视的是文化遗产本身，而不是技术。当下数字化复制品席卷全球，数字化复制消解了非物质文化遗产的艺术性和文化性，使之缺乏灵韵。人工雕刻（木雕、砖雕、石雕）被批量模具或按照预设数字编程而批量生产，标志着数字媒介实践不可避免地侵蚀着世界，并逐渐把它虚拟化。

当代遗产运动的政治性话语、经济性话语对遗产的代表性认识存在一个明显的特征，即过分强调遗产的现代价值和经济意义，遗产首先表现为一种"历史态"。着眼于遗产的可利用价值，忽略了遗产的历时性表述价值、文化价值。对于非遗数字内容资源的经济应用亦应慎之又慎，不能将遗产的各种价值简化为经济符号、消费符号，产业运营要考量两个方面问题：一方面非遗数字信息在多大程度上能够被合理、合法地流通交易，即哪些遗产内容可以被作为商业符号所使用，并非所有遗产都能被产业开发；另一方面是在资本逻辑下，如何保证非遗数字内容的正确编码与解码，使之符合文化发展规律。非物质文化遗产数字化本身就是一项系统工程，需要多部门多主体的协同合力。徽州区域更是复杂，作为文化概念的徽州是一个整体，但其对应的行政区域则分属两省三市。宏观方面，各行政部门在政策资源、行政管理、责任分配、利益平衡等方面很难有效协同。微观方面，上文所述的参与非物质文化遗产数字化的各个主体之间也需要协同，无论是文化观念、技术理念，还是文化阐释、抽象编码。另外，在数字化成果应用方面，社会效益与经济利益之间也存在协同障碍，正如迪克斯所说"遗产不像大多数的历史书籍，它是一桩有潜在利益的、吸引观众的生意。此外，它被不同的通常是相互竞争的利益分割"[①]。在市场经济和大力发展文化产业的背景下，无论是个体自然人、商业法人，抑或是"经济理性"的政府，都有追逐经济利益的动机，而忽视文化遗产资源的社会效益，如何平衡经济价值与社

---

① 贝拉·迪克斯. 被展示的文化：当代"可参观性"的生产[M]. 冯悦，译. 北京：北京大学出版社，2012：142-143.

会价值,是非物质文化遗产资源数字化及其产业应用所面临的重要难题。①

另外,关于非物质文化遗产知识产权问题,在现实保护中就存在着争议。在笔者看来,非物质文化遗产兼具公权和私权,在数字化过程中,由谁授权进行数字转化;在数字化利用过程中,谁可以合理使用,尤其是非物质文化遗产,其实质是一种知识性的信息,它们可能会被任意复制、改编甚至歪曲,该遗产的传承人或拥有者却得不到任何回报;而他人利用文化遗产的行为则可能获得知识产权及其收益。在上文的访谈中也可以看到,有些文化主管部门对文化资源信息共享工程也有此方面的忧虑,即如何保障非物质文化遗产的数字化产权。从I-space理论来看,非遗的数字化信息是将之限制在采邑区和宗族区,还是扩散到制度区,甚至流通到市场区,这将是非物质文化遗产数字化面临的一项重要命题。

---

① 秦枫.文化遗产资源符号建构与产业融合:以徽州区域为例[J].云南开放大学学报, 2016(2):7-10,32.

附　录

附录1　徽州地区国家级、省级非遗项目一览表[①]

序号	编号	项目名称	申报地区或单位	入选省级项目批次	入选国家级项目批次
一、民间文学(3项)					
1	Ⅰ-5	徽州民谣	黄山市	第一批省级	
2	Ⅰ-5	徽州民谣（绩溪民歌民谣）	宣城市绩溪县	第二批省级扩展项目	
3	Ⅰ-6	徽州楹联匾额	黄山市	第一批省级	
二、传统音乐(2项)					
1	Ⅱ-11	徽州民歌	黄山市	第一批省级	第二批国家级
2	Ⅱ-12	齐云山道教音乐	黄山市休宁县	第一批省级	第二批国家级
三、传统舞蹈(9项)					
1	Ⅲ-9	黎阳仗鼓	黄山市屯溪区	第一批省级	
2	Ⅲ-10	祁门傩舞	黄山市祁门县	第一批省级	第二批国家级
3	Ⅲ-21	舞回	宣城市绩溪县	第二批省级	
4	Ⅲ-22	火狮舞	宣城市绩溪县	第二批省级	
5	Ⅲ-26	徽州板凳龙	黄山市休宁县	第二批省级	黄山市徽州区
6	Ⅲ-27	采茶扑蝶舞	黄山市祁门县	第二批省级	
7	Ⅲ-34	手龙舞	宣城市绩溪县	第三批省级	第四批国家级

[①] 共4批,国家级21项,省级77项。

续表

序号	编号	项目名称	申报地区或单位	入选省级项目批次	入选国家级项目批次
8	Ⅲ-35	火马舞	宣城市绩溪县	第三批省级	
9	Ⅲ-36	跳钟馗	黄山市徽州区	第三批省级	
四、传统戏剧(3项)					
1	Ⅳ-19	徽州目连戏	黄山市	第一批省级	第一批国家级
2	Ⅳ-20	徽剧	安徽省徽剧团、黄山市	第一批省级	第一批国家级
3	Ⅳ-20	徽剧（徽戏童子班）	宣城市绩溪县	第二批省级扩展项目	
五、曲艺(0项)					
六、传统体育、游艺与杂技(4项)					
1	Ⅵ-5	叶村叠罗汉	黄山市歙县	第二批省级	
2	Ⅵ-8	游龙舟、抬五帝、跳旗	宣城市绩溪县	第三批省级	
3	Ⅵ-9	三阳打秋千	黄山市歙县	第三批省级	
4	Ⅵ-15	徽州武术	黄山市	第四批省级	
七、传统美术(10项)					
1	Ⅶ-8	徽派版画	黄山市歙县	第一批省级	
2	Ⅶ-9	徽州篆刻	黄山市黟县	第一批省级	
3	Ⅶ-10	徽州"三雕"	黄山市	第一批省级	第一批国家级
4	Ⅶ-10	徽州三雕	宣城市绩溪县	第四批省级扩展项目	
5	Ⅶ-4	竹编（徽州竹编）	黄山市屯溪区	第二批省级扩展项目	
6	Ⅶ-4	竹编（徽州竹编）	黄山市黄山区	第三批省级扩展项目	
7	Ⅶ-20	徽州根雕	黄山市	第二批省级	
8	Ⅶ-21	徽州竹雕	黄山市徽州区	第二批省级	第四批国家级

续表

序号	编号	项目名称	申报地区或单位	入选省级项目批次	入选国家级项目批次
9	Ⅶ-24	黟县彩绘壁画	黄山市黟县	第三批省级	
10	Ⅶ-30	徽州墙头画	宣城市绩溪县	第四批省级	
八、传统技艺(27项)					
1	Ⅷ-11	徽州漆器制作技艺	黄山市屯溪区	第一批省级	第二批国家级
2	Ⅷ-11	糅漆技艺	宣城市绩溪县	第四批省级扩展项目	
3	Ⅷ-12	徽州建筑技艺	黄山市	第一批省级	第二批国家级
4	Ⅷ-13	徽派盆景技艺	黄山市歙县	第一批省级	第二批国家级（美术）
5	Ⅷ-14	祁门红茶制作技艺	黄山市祁门县	第一批省级	第二批国家级
6	Ⅷ-15	绿茶制作技艺(黄山毛峰、太平猴魁、屯溪绿茶、松萝茶)	黄山市徽州区、黄山市黄山区、黄山市屯溪区、黄山市休宁县	第一批省级	第二批国家级(黄山毛峰、太平猴魁、六安瓜片)
7	Ⅷ-19	徽墨制作技艺	宣城市绩溪县、黄山市歙县、屯溪区	第一批省级	第一批国家级
8	Ⅷ-20	歙砚制作技艺	黄山市歙县	第一批省级	第一批国家级
9	Ⅷ-21	万安罗盘制作技艺	黄山市休宁县	第一批省级	第一批国家级
10	Ⅷ-36	顶谷大方制作技艺	黄山市歙县	第二批省级	
11	Ⅷ-37	观音豆腐制作技艺	黄山市歙县	第二批省级	
12	Ⅷ-38	五城米酒酿制技艺	黄山市休宁县	第二批省级	

续表

序号	编号	项目名称	申报地区或单位	入选省级项目批次	入选国家级项目批次
13	Ⅷ-39	五城豆腐干制作技艺	黄山市休宁县	第二批省级	
14	Ⅷ-40	皖南火腿腌制技艺（兰花火腿腌制技艺、汤口火腿腌制技艺）	黄山市休宁县 黄山市黄山区	第二批省级	
15	Ⅷ-51	徽州毛笔制作技艺	黄山市屯溪区	第三批省级	第四批国家级
16	Ⅷ-52	利源手工制麻技艺	黄山市黟县	第三批省级	
17	Ⅷ-53	余香石笛制作技艺	黄山市黟县	第三批省级	
18	Ⅷ-76	徽州楹联匾额传统制作技艺	黄山市黟县	第四批省级	
19	Ⅷ-77	徽州顶市酥制作技艺	黄山市屯溪区	第四批省级	
20	Ⅷ-78	徽州家具制作技艺	黄山市徽州区	第四批省级	
21	Ⅷ-79	太平曹氏纸制作技艺	黄山市黄山区	第四批省级	
22	Ⅷ-80	黄山玉雕刻技艺	黄山市黄山区	第四批省级	
23	Ⅷ-81	徽州手工瓷制作技艺	黄山市祁门县	第四批省级	
24	Ⅷ-82	安茶制作技艺	黄山市祁门县	第四批省级	
25	Ⅷ-83	吴鲁衡日晷制作技艺	黄山市休宁县	第四批省级	

续表

序号	编号	项目名称	申报地区或单位	入选省级项目批次	入选国家级项目批次
26	Ⅷ-84	徽州烧饼制作技艺	黄山市	第四批省级	
27	Ⅷ-85	黄山贡菊(徽州贡菊)制作技艺	黄山市歙县	第四批省级	
九、传统医药(5项)					
1	Ⅸ-1	新安医学	黄山市	第一批省级	
2	Ⅸ-2	张一贴内科	黄山市	第二批省级	第三批国家级
3	Ⅸ-3	西园喉科	黄山市歙县	第二批省级	第四批国家级
4	Ⅸ-6	野鸡坞外科	黄山市	第四批省级	
5	Ⅸ-7	祁门胡氏骨伤科	黄山市祁门县	第四批省级	
十、民俗(14项)					
1	Ⅹ-8	徽菜	宣城市绩溪县、黄山市	第一批省级	
2	Ⅹ-9	程大位珠算法	黄山市	第一批省级	第二批国家级
3	Ⅹ-10	徽州祠祭	黄山市祁门县、黟县	第一批省级	第四批国家级
4	Ⅹ-11	轩辕车会	黄山市黄山区	第一批省级	
5	Ⅹ-20	安苗节	宣城市绩溪县	第二批省级	
6	Ⅹ-21	赛琼碗	宣城市绩溪县	第二批省级	
7	Ⅹ-22	花车转阁	宣城市绩溪县	第二批省级	
8	Ⅹ-24	上九庙会	黄山市徽州区	第二批省级	
9	Ⅹ-25	婆溪河灯	黄山市黄山区	第二批省级	
10	Ⅲ-5	抬阁(肘阁、湖村抬阁、隆阜抬阁)	宣城市绩溪县黄山市屯溪区	第二批省级扩展项目	
11	Ⅹ-28	祭社	宣城市绩溪县	第三批省级	
12	Ⅹ-34	齐云山道场表演	黄山市休宁县	第三批省级	
13	Ⅹ-35	五福神会	黄山市黄山区	第三批省级	
14	Ⅹ-42	郭村周王会	黄山市黄山区	第四批省级	

注:部分国家级项目名称与省级项目不一致

附录2 徽州地区市级非遗项目一览表(共142项)

序号	项目名称	申报地区或单位
一、民间文学(7个)		
1	民间传说、故事	宣城市绩溪县
2	民间谚语、谜语	宣城市绩溪县
3	徽州民谣	黄山市
4	徽州楹联匾额	黄山市
5	徽州民谚	黄山市
6	徽州民间故事	黄山市
7	斩尾龙挂纸	黄山市歙县
二、传统音乐(6个)		
1	绩溪民歌	宣城市绩溪县
2	徽州民歌	黄山市
3	齐云山道教音乐	黄山市休宁县
4	新丰唢呐曲牌	黄山市黄山区
5	十番锣鼓	黄山市祁门县
6	黟县女人歌	黄山市黟县
三、传统舞蹈(29个)		
1	纹川舞犭回	宣城市绩溪县
2	跳火马	宣城市绩溪县
3	火狮	宣城市绩溪县
4	岭北狮舞	宣城市绩溪县
5	花船	宣城市绩溪县
6	鱼舞	宣城市绩溪县
7	草龙舞	宣城市绩溪县
8	板龙舞	宣城市绩溪县
9	草蚌壳舞	宣城市绩溪县

续表

序号	项目名称	申报地区或单位
10	手龙舞	宣城市绩溪县
11	破寒酸	宣城市绩溪县
12	黎阳仗鼓	黄山市屯溪区
13	祁门傩舞	黄山市祁门县
14	徽州板凳龙	黄山市休宁县 黄山市徽州区
15	采茶扑蝶舞	黄山市祁门县
16	跳钟馗	黄山市徽州区
17	屯溪舞龙	黄山市屯溪区
18	跳钟馗	黄山市歙县
19	柳翠娘	黄山市徽州区
20	渔翁戏蚌	黄山市徽州区
21	狮子舞	黄山市屯溪区、歙县
22	麒麟舞	黄山市歙县
23	字舞	黄山市歙县
24	蛤蜊舞	黄山市歙县
25	花棍舞	黄山市歙县
26	龙凤呈祥(板凳龙)	黄山市黟县
27	山越之秋(赶野猪)	黄山市黟县
28	雉山凤舞	黄山市黟县
29	打莲湘	黄山市祁门县
四、传统戏剧(5个)		
1	徽剧	宣城市绩溪县
2	徽戏童子班	宣城市绩溪县
3	徽戏闹台	宣城市绩溪县
4	徽州目连戏	黄山市
5	徽剧	黄山市

续表

序号	项目名称	申报地区或单位
五、曲艺(1项)		
1	讨饭灯	黄山市歙县
六、传统体育、游艺与杂技(6个)		
1	花轿	宣城市绩溪县
2	游龙舟·抬五帝·跳旗	宣城市绩溪县
3	灯会	宣城市绩溪县
4	飏灯	宣城市绩溪县
5	叶村叠罗汉	黄山市歙县
6	三阳打秋千	黄山市歙县
七、传统美术(15个)		
1	徽州三雕	宣城市绩溪县
2	徽派版画	黄山市歙县
3	徽州篆刻	黄山市黟县
4	徽州"三雕"	黄山市
5	竹编(徽州竹编)	黄山市屯溪区
6	竹编(徽州竹编)	黄山市黄山区
7	徽州根雕	黄山市
8	徽州竹雕	黄山市徽州区
9	黟县彩绘壁画	黄山市黟县
10	盆景技艺(徽派盆景技艺)	黄山市歙县
11	徽州剪纸	黄山市
12	新安画派	黄山市
13	皖南古民居门罩艺术	黄山市
14	"黟县青"与石雕艺术	黄山市黟县
15	黟县米塑艺术	黄山市黟县
八、传统技艺(32个)		
1	徽墨制作技艺	宣城市绩溪县
2	金山时雨茶	宣城市绩溪县

续表

序号	项目名称	申报地区或单位
3	髹漆技艺	宣城市绩溪县
4	缫丝、编棉技艺	宣城市绩溪县
5	字画装裱技艺	宣城市绩溪县
6	徽州漆器制作技艺	黄山市屯溪区
7	徽派盆景技艺	黄山市歙县
8	祁门红茶制作技艺	黄山市祁门县
9	绿茶制作技艺(黄山毛峰、太平猴魁、屯溪绿茶、松萝茶)	黄山市徽州区、黄山市黄山区、黄山市屯溪区、黄山市休宁县
10	徽墨制作技艺	黄山市歙县、屯溪区
11	歙砚制作技艺	黄山市歙县
12	万安罗盘制作技艺	黄山市休宁县
13	顶谷大方制作技艺	黄山市歙县
14	观音豆腐制作技艺	黄山市歙县
15	五城米酒酿制技艺	黄山市休宁县
16	五城豆腐干制作技艺	黄山市休宁县
17	皖南火腿腌制技艺(兰花火腿腌制技艺、汤口火腿腌制技艺)	黄山市休宁县、黄山市黄山区
18	徽州毛笔制作技艺	黄山市屯溪区
19	利源手工制麻技艺	黄山市黟县
20	余香石笛制作技艺	黄山市黟县
21	徽派传统民居营造技艺	黄山市
22	食桃制作技艺	黄山市黟县
23	腊八豆腐制作技艺	黄山市黟县
24	渔亭糕制作技艺	黄山市黟县
25	孩童传统鞋帽制作技艺	黄山市黟县
26	民间宫灯制作技艺	黄山市黄山区
27	黄山银钩制作技艺	黄山市歙县

续表

序号	项目名称	申报地区或单位
28	徽州毛豆腐	黄山市
29	宏村水系建筑技艺	黄山市黟县
30	徽州水口建筑技艺	黄山市
31	徽州瓷艺	黄山市屯溪区
32	黄山玉雕	黄山市黄山区
九、传统医药(4个)		
1	新安医学	黄山市
2	张一贴内科	黄山市
3	西园喉科	黄山市歙县
4	祁门胡氏骨伤科	黄山市祁门县
十、民俗(36个)		
1	徽菜	宣城市绩溪县
2	赛琼碗	宣城市绩溪县
3	秋千抬阁	宣城市绩溪县
4	安苗节	宣城市绩溪县
5	绩溪火把节	宣城市绩溪县
6	湖村观音会	宣城市绩溪县
7	绩溪挞粿	宣城市绩溪县
8	徽州印粿	宣城市绩溪县
9	造屋习俗	宣城市绩溪县
10	丧葬习俗	宣城市绩溪县
11	花朝会	宣城市绩溪县
12	祭社	宣城市绩溪县
13	徽菜	黄山市
14	程大位珠算法	黄山市
15	徽州祠祭	黄山市祁门县、黟县
16	轩辕车会	黄山市黄山区
17	上九庙会	黄山市徽州区

续表

序号	项目名称	申报地区或单位
18	婆溪河灯	黄山市黄山区
19	抬阁(隆阜抬阁)	黄山市屯溪区
20	齐云山道场表演	黄山市休宁县
21	五福神会	黄山市黄山区
22	徽州水口——唐模	黄山市徽州区
23	送花灯	黄山市黄山区
24	锡格子茶	黄山市黟县
25	女婿上门习黄山市俗	黄山市黟县
26	五都清明	黄山市黟县
27	丁宣大会	黄山市黄山区
28	大刀灯	黄山市歙县
29	鱼灯	黄山市歙县
30	九都做社	黄山市黟县
31	出地方	黄山市黟县
32	游太阳	黄山市黟县、祁门县
33	闹灯会	黄山市黟县
34	地戏	黄山市黟县
35	放飏灯	黄山市歙县
36	呈坎混合遗产	黄山市徽州区

附录 3 徽州地区县(区)级非遗项目一览表(共 240 项)

序号	项目名称	申报地区或单位
一、民间文学(29 项)		
1	龙川传说	绩溪县
2	小九华传说	绩溪县
3	绩溪民间故事、掌故	绩溪县
4	民谣	绩溪县
5	楹联	绩溪县
6	谚语	绩溪县
7	俗语	绩溪县
8	谜语	绩溪县
9	农谚	绩溪县
10	传说	绩溪县
11	故事	绩溪县
12	民谣	绩溪县
13	农谚	绩溪县
14	谜语	绩溪县
15	民谚	徽州区
16	徽州民间故事	徽州区
17	民谣	歙县
18	谚语	歙县
19	娶亲	歙县
20	寄信割驴草	歙县
21	侠盗小辣椒	歙县
22	歙县谜语	歙县
23	汪公大帝——汪华	歙县
24	踏梁	歙县

附录 3　徽州地区县(区)级非遗项目一览表(共 240 项)

续表

序号	项目名称	申报地区或单位
25	唐伯虎仗义撰碑文	休宁县
26	百鸟衔泥塑玄帝	休宁县
27	放排歌(排夫下河十八喝)	休宁县
28	古黟民谣	黟县
29	江可爱的故事——黟县的阿凡提	黟县
二、传统音乐(17 项)		
1	绩溪民谣	绩溪县
2	狮鼓	绩溪县
3	舞鼓	绩溪县
4	十绣鞋	绩溪县
5	插秧苗	绩溪县
6	十恨	绩溪县
7	送子	绩溪县
8	打麻糍	绩溪县
9	民间小调	黄山区
10	民歌	歙县
11	苏村民歌	歙县
12	岔口民歌	歙县
13	唱灯棚	歙县
14	十八摸	歙县
15	哭嫁	歙县
16	道乐迎神曲	休宁县
17	十绣手巾	休宁县
三、传统舞蹈(27 项)		
1	秋千	绩溪县
2	抬阁	绩溪县
3	筛钗、拔钗	绩溪县
4	狮舞	绩溪县

续表

序号	项目名称	申报地区或单位
5	舞犭回	绩溪县
6	火狮舞	绩溪县
7	花船	绩溪县
8	破寒酸	绩溪县
9	火马舞	绩溪县
10	美女引凤舞	绩溪县
11	鱼舞	绩溪县
12	手龙舞	绩溪县
13	纸龙舞	绩溪县
14	布龙舞	绩溪县
15	草龙舞	绩溪县
16	板龙舞	绩溪县
17	花轿舞	绩溪县
18	蚌舞	绩溪县
19	渔翁戏蚌	徽州区
20	中秋草龙	祁门县
21	舞龙	祁门县
22	歙县民间器乐曲	歙县
23	龙舞	歙县
24	板凳龙	歙县
25	得胜鼓舞	休宁县
26	龙湾女子布龙	休宁县
27	稻草龙	黟县
四、传统戏剧(4项)		
1	徽剧	绩溪县
2	徽戏闹台	绩溪县
3	徽戏	歙县
4	目连戏	歙县

序号	项目名称	申报地区或单位
五、曲艺(0项)		
六、传统体育、游艺与杂技(8项)		
1	游龙舟·抬五帝·跳旗	绩溪县
2	放飚灯	绩溪县
3	儿童游戏	绩溪县
4	灯会	绩溪县
5	耍钹	歙县
6	耍叉	歙县
7	流星	歙县
8	舞抽单	歙县
七、传统美术(19项)		
1	墙头画	绩溪县
2	玻璃画	绩溪县
3	纸扎	绩溪县
4	砖雕	绩溪县
5	木雕	绩溪县
6	石雕	绩溪县
7	徽派三雕	徽州区
8	徽州根雕	徽州区
9	徽派盆景	徽州区
10	新安画派	徽州区
11	徽派建筑	徽州区
12	徽州剪纸	徽州区
13	新安画派	歙县
14	徽州四雕	歙县
15	徽派篆刻	歙县
16	徽州根雕	歙县
17	徽州印模	歙县

续表

序号	项目名称	申报地区或单位
18	徽派刻书	歙县
19	徽派建筑	歙县
八、传统技艺(64项)		
1	徽菜	绩溪县
2	徽墨制作技艺	绩溪县
3	晒面制作技艺	绩溪县
4	挞粿制作技艺	绩溪县
5	麻糍制作技艺	绩溪县
6	粽子制作技艺	绩溪县
7	缫丝、编棉技艺	绩溪县
8	对联制作技艺	绩溪县
9	箬笠编制技艺	绩溪县
10	金山时雨(绿茶)制作技艺	绩溪县
11	绿笋腌制技艺	绩溪县
12	香椿腌制技艺	绩溪县
13	陶瓷烧造技艺	绩溪县
14	荆州黑毛猪养殖技艺	绩溪县
15	板籽豆腐制作技艺	绩溪县
16	寿衣制作技艺	绩溪县
17	蒸糕制作技艺	绩溪县
18	艾草粿制作技艺	绩溪县
19	观音豆腐制作技艺	绩溪县
20	旱烟制作技艺	绩溪县
21	字画修复装裱技艺	绩溪县
22	髹漆技艺	绩溪县
23	徽州印粿制作技艺	绩溪县
24	谷花糖、米爆糖制作技艺	绩溪县
25	高粱粉粿、山芋粉粿制作技艺	绩溪县

续表

序号	项目名称	申报地区或单位
26	蕨粉、葛粉制作技艺	绩溪县
27	徽州笋焖饭制作技艺	绩溪县
28	徽州月饼制作技艺	绩溪县
29	歙砚制作技艺	徽州区
30	徽墨制作技艺	徽州区
31	徽州竹编技艺	徽州区
32	灵山酒酿	徽州区
33	徽州毛豆腐	徽州区
34	安茶制作技艺	祁门县
35	珠兰花茶	歙县
36	打土墙	歙县
37	坑口麻饼	歙县
38	徽州冻米糖	歙县
39	王村麻酥糖	歙县
40	徽州芙蓉糕	歙县
41	毛豆腐	歙县
42	臭豆腐	歙县
43	泽子豆腐	歙县
44	苦槠豆腐	歙县
45	石头粿(肥脖粿)	歙县
46	臭鳜鱼	歙县
47	金丝琥珀枣	歙县
48	徽州贡菊	歙县
49	姬公尖柿饼	歙县
50	长陔咸笋	歙县
51	徽州火腿(兰花火腿)	歙县
52	竹编工艺	歙县
53	白杨瓦桶	歙县

续表

序号	项目名称	申报地区或单位
54	绵溪皮纸	歙县
55	纸扎	歙县
56	徽州旱烟制作	歙县
57	旱烟筒制作	歙县
58	徽派古建模砖	歙县
59	徽墨墨模	歙县
60	徽府菜	歙县
61	黄山白茶(徽州白茶)	歙县
62	齐云道斋制作技艺	休宁县
63	毛峰制作工艺	黟县
64	纸伞制作工艺	黟县
九、传统医药(0项)		
十、民俗(72项)		
1	火把节	绩溪县
2	观音会	绩溪县
3	元年会	绩溪县
4	安苗节	绩溪县
5	汪公看稻	绩溪县
6	赛琼碗	绩溪县
7	丧葬习俗	绩溪县
8	造屋习俗	绩溪县
9	婚嫁习俗	绩溪县
10	乔迁习俗	绩溪县
11	寿礼习俗	绩溪县
12	丧葬吉语	绩溪县
13	清明	绩溪县
14	腊八	绩溪县
15	过年	绩溪县

附录3 徽州地区县(区)级非遗项目一览表(共240项)

续表

序号	项目名称	申报地区或单位
16	按老郎	绩溪县
17	祭蚕娘	绩溪县
18	按树灯	绩溪县
19	十帅会	绩溪县
20	禁忌	绩溪县
21	八月中秋跳火龙	绩溪县
22	祭社	绩溪县
23	元宵节舞狮	绩溪县
24	香袋(香包)	绩溪县
25	端午节	绩溪县
26	七月半中元节	绩溪县
27	十月半下元节	绩溪县
28	南坛胜会	黄山区
29	周王庙会	黄山区
30	松谷祖师会	黄山区
31	草龙	徽州区
32	白菜灯	徽州区
33	徽州宗族祠祭	徽州区
34	田干拣日子	徽州区
35	吵新人撒帐	歙县
36	男女儿童服饰	歙县
37	徽俗宴席礼仪	歙县
38	徽州添丁习俗	歙县
39	10岁割尾巴	歙县
40	保熟节(含庆熟节)	歙县
41	二月二炒虫棗	歙县
42	七月半做茶徽	歙县
43	仙姑节(福泉山庙会)	歙县

续表

序号	项目名称	申报地区或单位
44	徽州祠祭	歙县
45	徽州做寿	歙县
46	徽州过年	歙县
47	徽州丧葬	歙县
48	汪华祭祀	歙县
49	新安医学	歙县
50	白杨疯狗药	歙县
51	吴山铺伤科	歙县
52	上路街蛤蟆药	歙县
53	刮痧	歙县
54	麻痘灯	歙县
55	太子会	歙县
56	杞梓里猜拳、行酒令	歙县
57	徽州武术	歙县
58	临溪庙会	休宁县
59	休宁"鱼鳞册"	休宁县
60	休宁的水口文化	休宁县
61	放排	黟县
62	打锣封山	黟县
63	端午香牌	黟县
64	臭鳜鱼	黟县
65	水口文化	黟县
66	添丁进喜	黟县
67	洗染周岁	黟县
68	报讣	黟县
69	妇女哭丧	黟县
70	腊八	黟县
71	字纸炉	黟县
72	求雨	黟县

附录4 "徽州非物质文化遗产数字化"访谈提纲

文化主管部门/研究学者：
1. 请简单谈一谈贵县(区)非遗现状及问题/请简单谈一谈您对非遗生存现状与未来发展的看法。
2. 如何认识非物质文化遗产数字化？您的态度如何？
3. 贵县(区)在非遗数字保存方面做了哪些工作？
4. 贵县(区)是否建置非物质文化遗产数据库？是否共享？
5. 您对非遗数字化未来发展利用有何建议与意见？

非遗传承人：
1. 您及您的家庭是如何认识非物质文化遗产现状的？
2. 您认为如何才能更好地保存与传承非物质文化遗产？
3. 您对非物质文化遗产影像记录、保存的态度如何？
4. 非遗主管部门是否告知你们关于非遗数字化与数据库的相关信息？

社会公众：
1. 您感觉当下非遗的生存状况如何？
2. 如何更好地保护与传承非遗？
3. 您看过关于非遗的电视、电影或动画吗？
4. 如果在手机或网上能够感受到当地非遗，您的态度如何？

相关企业：
1. 作为企业，您如何看待当下非遗生存状况及未来传承传播状况？
2. 贵企业在非遗传承传播过程中有何贡献？
3. 您对非遗数字化的态度如何？
4. 非遗数字化对文化产业(或其他产业)的影响与作用如何？

附录5 "徽州非物质文化遗产数字化"访谈资料一览表

编码	性别	年龄	地区	单位/职业/身份
D-1	男	56	合肥	文化主管部门、主任
D-2	男	43	宣城	县区文化主管部门、馆长
D-3	男	43	黄山	市文化主管部门、科长
D-4	男	67	黄山	黄山学院、研究员
D-5	男	48	芜湖	安徽师范大学、教授
D-6	男	43	北京	北京大学、教授
D-7	男	56	黄山	非遗传承人
D-8	男	67	黄山	非遗传承人
D-9	男	49	黄山	非遗传承人
D-10	男	68	黄山	非遗传承人
D-11	男	66	黄山	非遗传承人
D-12	男	37	黄山	当地民众
D-13	女	38	黄山	当地民众
D-14	男	53	黄山	当地民众
D-15	男	44	黄山	当地民众
D-16	男	24	黄山	当地民众
D-17	男	39	淮北	游客
D-18	女	21	江苏	游客
D-19	男	50	上海	游客
D-20	女	44	北京	游客
D-21	女	40	婺源	游客
D-22	男	39	芜湖	文化企业负责人
D-23	男	47	芜湖	文化企业负责人
D-24	男	45	合肥	文化企业负责人
D-25	男	50	黄山	文化企业负责人

参 考 文 献

[1] 哈特利. 数字时代的文化[M]. 李士林,黄晓波,译. 杭州:浙江大学出版社,2014.
[2] 阿莱达·阿斯曼. 回忆空间文化记忆的形式和变迁[M]. 潘璐,译. 北京:北京大学出版社,2016.
[3] 阿斯曼. 文化记忆早期高级文化中的文字、回忆和政治身份[M]. 金寿福,黄晓晨,译. 北京:北京大学出版社,2015.
[4] 哈拉尔德·韦尔策. 社会记忆历史、回忆、传承[M]. 季斌,王立君,白锡坤,译. 北京:北京大学出版社,2007.
[5] 海森伯. 物理学和哲学现代科学中的革命[M]. 范岱年,译. 北京:商务印书馆,2011.
[6] 鲍德里亚. 消费社会[M]. 刘成富,全志钢,译. 南京:南京大学出版社,2000.
[7] 皮埃尔·布迪厄. 关于电视[M]. 许钧,编译. 沈阳辽宁教育出版社,2000.
[8] 马歇尔·麦克卢汉. 理解媒介:论人的延伸[M]. 何道宽,译. 北京:商务印书馆,2000.
[9] 爱蒂丝·布朗·魏伊丝. 公平地对待未来人类[M]. 汪劲,译. 北京:法律出版社,2000.
[10] 费·金斯伯格,里拉·阿布-卢赫德,布莱恩·拉金. 媒体世界:人类学的新领域[M]. 丁惠民,译. 北京:商务印书馆,2015.
[11] 马文·哈里斯. 文化人类学[M]. 李培芙,等译. 北京:东方出版社,1988.
[12] 马歇尔·萨林斯. 甜蜜的悲哀[M]. 王铭铭,胡宗泽,译. 北京:生活·读书·新知三联书店,2002.
[13] 尼尔·波兹曼. 娱乐至死:童年的消逝[M]. 章艳,译. 桂林:广西师范大学出版社,2009.
[14] 尼尔波兹曼. 技术垄断[M]. 何道宽,译. 北京:北京大学出版社,2007.
[15] 尼古拉斯·尼葛洛庞帝. 数字化生存[M]. 胡泳,范海燕,译. 海口:海南出版社,1997.
[16] 施拉姆. 传播学概论[M]. 陈亮,等译. 北京:新华出版社,1984.
[17] 威廉·A.哈维兰. 文化人类学[M]. 10版. 翟铁鹏,张钰,译. 上海:上海社会科学院出版社,2006.
[18] 贝拉·迪克斯. 被展示的文化:当代"可参观性"的生产[M]. 冯悦,译. 北京:北京大学出版社,2012.
[19] 丹尼尔·米勒. 数码人类学[M]. 王心远,译. 北京:人民出版社,2014.
[20] 马克斯·H.布瓦索. 信息空间:认识组织、制度和文化的一种框架[M]. 王寅通,译. 上海:上海译文出版社,2000.
[21] 程郁儒. 民族文化传媒化[M]. 北京:中国社会科学出版社,2012.

[22] 董晓萍. 中国民俗文化软实力发展战略专论[M]. 北京:商务印书馆,2015.
[23] 方李莉. 遗产:实践与经验[M]. 昆明:云南教育出版社,2008.
[24] 费孝通. 江村经济[M]. 上海:上海人民出版社,2013.
[25] 韩春平. 敦煌学数字化问题研究[M]. 北京:民族出版社,2012.
[26] 郝朴宁. 民族文化传播理论描述[M]. 昆明:云南大学出版社,2007.
[27] 李春霞. 遗产:源起与规则[M]. 昆明:云南教育出版社,2008.
[28] 李明伟. 知媒者生存:媒介环境学纵论[M]. 北京:北京大学出版社,2010.
[29] 李欣. 数字化保护:非物质文化遗产保护的新路向[M]. 北京:科学出版社,2011.
[30] 刘建华. 民族文化传媒化[M]. 昆明:云南大学出版社,2011.
[31] 吕英华. Access数据库技术及应用[M]. 北京:科学出版社,2012.
[32] 潘德冰. 社会场论导论[M]. 武汉:华中师范大学出版社,1992.
[33] 彭冬梅. 非物质文化遗产数字化保护与传播研究:以剪纸艺术为例[M]. 济南:山东人民出版社,2014.
[34] 彭兆荣. 文化遗产十讲[M]. 昆明:云南教育出版社,2012.
[35] 彭兆荣. 遗产:反思与阐释[M]. 昆明:云南教育出版社,2008.
[36] 阮艳萍. 传递与共享:文化遗产数字传承者[M]. 北京:中国书籍出版社,2013.
[37] 吴予敏. 无形的网络:从传播学角度看中国的传统文化[M]. 北京:国际文化出版公司,1988.
[38] 武桂杰. 霍尔与文化研究[M]. 北京:中央编译出版社,2009.
[39] 徐赣丽. 文化遗产在当代中国[M]. 北京:中国社会科学出版社,2014.
[40] 杨红. 非物质文化遗产数字化研究[M]. 北京:社会科学文献出版社,2014.
[41] 赵东. 历史文化资源数字化保护与开发研究[M]. 西安:陕西旅游出版社,2014.
[42] 仲富兰. 民俗传播学[M]. 上海:上海文化出版社,2007.
[43] 周明全. 文化遗产数字化保护技术及应用[M]. 北京:高等教育出版社,2011.
[44] 周宪. 文化表征与文化研究[M]. 北京:北京大学出版社,2007.
[45] 曹玲,张丽. 江苏非物质文化遗产数字化保护实践分析[J]. 兰台世界,2011(26):74-75.
[46] 常凌翀. 互联网时代西藏非物质文化遗产的数字化传播路径[J]. 中央民族大学学报,2014(3):167-171.
[47] 陈树强. 增权:社会工作理论与实践的新视角[J]. 社会学研究,2003(5):72-85.
[48] 黄亚南,孙守迁,孙晋海,等. 体育文化遗产数字化保护研究与应用[J]. 体育科学杂志,2007(3):12-17.
[49] 黄永林,谈国新. 中国非物质文化遗产数字化保护与开发研究[J]. 华中师范大学学报(人文社会科学版),2012(2):49-55.
[50] 黄永林,王伟杰. 数字化传承视域下我国非物质文化遗产分类体系的重构[J]. 西南民族大学学报(人文社会科学版),2013(8):165-171.
[51] 井雪莹,陈月华. 数字媒体时代常态化学习与优秀传统文化的传播[J]. 艺术教育,2012(9):117.

[52] 李德昌,赵兰华,梁莉.文化场与南北对话[J].理论月刊,2002(7):34-35.
[53] 李永明,梅杭强.传统武术非物质文化遗产数字化保护的思考[J].河北体育学院学报,2012(5):94-96.
[54] 林毅红.基于数字化技术视角下的非物质文化遗产保护研究:以黎族传统纺染织绣工艺为例[J].民族艺术研究,2011(5):116-121.
[55] 刘丹,黄基秉.网络化时代的技术赋权[J].新闻界,2016(4):57-65.
[56] 马静.浅析非物质文化遗产数字化保护:以傣锦为例[J].艺术与设计(理论),2011(11):34-36.
[57] 裴张龙.非物质文化遗产的数字化保护及其实施方案[M]//浙江师范大学浙江省非物质文化遗产研究基地.非物质文化遗产研究集刊.北京:学苑出版社,2008:92-99.
[58] 彭冬梅,刘肖健,孙守迁.信息视角:非物质文化遗产保护的数字化理论[J].计算机辅助设计与图形学学报,2008(1):117-123.
[59] 彭冬梅,潘鲁生,孙守迁.数字化保护:非物质文化遗产保护的新手段[J].美术研究,2006(1):47-51.
[60] 彭纲.非物质文化遗产的数字化保护[M]//浙江师范大学浙江省非物质文化遗产研究基地.非物质文化遗产研究集刊.北京:学苑出版社,2009:130-134.
[61] 彭兆荣.遗产学与遗产运动:表述与制造[M]//中国社会科学院考古研究所文化遗产保护研究中心.文化遗产研究.北京:科学出版社,2010:42-55.
[62] 秦枫,徐军君.突围与重塑:数字媒介环境与传统文化传播[J].内蒙古农业大学学报(社会科学版),2015(2):115-119.
[63] 秦枫.基于数字科技的文化创意产品创新发展研究[J].文化产业研究,2015(2):234-246.
[64] 秦枫.文化遗产资源符号建构与产业融合:以徽州区域为例[J].云南开放大学学报,2016(2):7-10,32.
[65] 秦枫.缄默知识理论下非物质文化传承研究[J].鸡西大学学报,2014(8):147-149.
[66] 阮艳萍.媒介即是遗产:数字媒介对文化遗产传承与表述影响初探[J].理论月刊,2011(11):149-152.
[67] 阮艳萍.数字传承人:一类遗产表述与生产的新型主体[J].西南民族大学学报,2011(2):50-54.
[68] 谈国新,孙传明.信息空间理论下的非物质文化遗产数字化保护与传播[J].西南民族大学学报(人文社会科学版),2013(6):179-184.
[69] 谭必勇,徐拥军,张莹.技术·文化·制度:非物质文化遗产数字化研究述评[J].浙江档案,2011(6):30-33.
[70] 谭必勇,张莹.中外非物质文化遗产数字化保护研究[J].图书与情报,2011(4):7-11.
[71] 汤艳,鲍希科.九江非物质文化遗产中数字化保护技术的应用研究[J].大众文艺,2012(7):297.
[72] 韦路,丁方舟.论新媒体时代的传播转型研究[J].浙江大学学报,2013(5):13-18.

[73] 向勇.特色文化资源的价值评估与开发模式研究[J].北京联合大学学报(人文社会科学版),2015(2):44-51.

[74] 向勇.文化与科技融合发展的历史演进、关键问题和人才要求[J].现代传播(中国传媒大学学报),2013(1):55-57.

[75] 项建华.非物质文化遗产的数字化传承与发展:以常州乱针绣为例[J].浙江艺术职业学院学报,2013(3):26-30.

[76] 余伟浩.非物质文化遗产福建大田县板凳龙的数字化影像再现与保护[J].电影评介,2012(15):111-112.

[77] 苑利.日本文化遗产保护运动的历史和今天[J].西北民族研究,2014(2):132-138.

[78] 张红灵.数字图书馆建设中的非物质文化遗产数字化保护[J].四川大学学报(哲学社会科学版),2008(1):123-125.

[79] 张小芳.图书馆数字化保护非物质文化遗产探析[J].图书馆学刊,2010(9):44-46.

[80] 张昳.从非物质文化遗产数字化保护看图书馆合理使用制度[J].图书馆理论与实践,2009(10):4-8.

[81] 孙传明.民俗舞蹈类非物质文化遗产数字化技术研究[D].武汉:华中师范大学,2013.

[82] 余日季.基于AR技术的非物质文化遗产数字化开发研究[D].武汉:武汉大学,2014.

[83] 张才刚.数字化生存与文学语言的流变[D].武汉:华中师范大学,2011.

[84] 向勇.文化产业要实现文化与科技的融合[N].人民政协报,2012-11-05.

[85] 杨红.非物质文化遗产数字化的冷思考[N].中国文化报,2016-07-08.

[86] 张晓明.文化遗产数字化:机遇与挑战[N].中国文化报,2002-05-11.

[87] 杨璇.数字化如何助力文化遗产传播[N/OL].[2015-07-29]. http://epaper.gmw.cn/gmrb/html/2015-07/29/nw.D110000gmrb_20150729_3-10.htm?div=-.

[88] 佚名."非遗"老手艺淘宝众筹上线焕发新生机[EB/OL].[2016-01-16]. http://news.ifeng.com/a/20160116/47093036_0.shtml.

[89] http://echo.mpiwg-berlin.mpg.de/home.

[90] Singh A. Digital preservation of cultural heritage resources and manuscripts: an Indian government initiative[J]. IFLA Journal, 2012, 38(4):289-296.

[91] Boamah E, Oliverg D. Stakeholders' attitudes towards the management and preservation of digital cultural heritage resources in Ghana[J]. Australian Academic & Research Libraries, 2012, 43(4):300-317.

[92] Nicholasg B D. Protecting indigenous cultural property in the age of digital democracy: institutional and communal responses to Canadian First Nations and Heritage concerns[J]. Journal of Material Culture, 2012, 17(3):307-324.

[93] Denb, Thomas E, Muvandi I, et al. Empowering communities[M]. Washington D.C.: The Academy for Educational Development, 1999:4.

[94] Cameron F, Kenderdine S. Theorizing digital cultural heritage: a critical discourse[M]. Cambridge: MIT Press, 2007.

[95] Boggs J. Visual interface design for digital cultural heritage: a guide to rich-prospect browsing[J]. Literary and Linguistic Computing, 2012, 27(4):466-467.

[96] Hennessy K. Cultural heritage on the web: applied digital visual anthropology and local cultural property rights discourse[J]. International Journal of Cultural Property, 2012, 19(3):345-369.

[97] Wali A. Destination culture: tourism, museums, and heritage[J]. American Anthropologist, 1999, 101(3):629-630.

[98] Rappaport J. Empowerment meets narrative: listening to stories and creating settings [J]. Americans Journal of Community Psychology, 1995, 23(5):795-807.

[99] Singhal A. Facilitating community participation through communication[C]. Report Submitted to GPP, Programme Division, UNICEF, NewYork. 2001:13.

[100] Hall S. Cultural, media, language: working papers in cultural studies, 1972-79[M]. London: Hutchinson, 1980:256.

[101] Yehudae. New heritage: new media and cultural heritage[M]. NewYork: Routledge, 2008.